香港培僑教育機構董事会主席
呉康民
2014年12月

| 推薦のことば | 2 |

旅行と旅歴——世界の眺め方

「旅行」と「旅歴」は似たような概念である。旅に出て遊覧するのが「旅行」なのに対し、「旅歴」は「ある場所から別の遠い場所に行くこと」である。「旅歴」の醍醐味は知識とインスピレーションにあり、何よりプロセスが重要だ。つまり、「旅行」と「旅歴」とでは、世界の眺め方が違う。

すると、「旅行」はごくありふれた選択肢ということになる。たとえば日本で温泉に浸かる、韓国でスキーをする、フランスでショッピングをする——こういった行為は、遊覧のひとつのスタイルである。だが食や遊びを楽しむことで、その地の歴史や文化を十分に知ることができるだろうか。その地の記憶は、数年の後もなお鮮明に残っているだろうか。

鄧予立氏はまぎれもなく「旅歴」の人であり、「旅歴」のスタイルで世界を眺めておられる。本書での「旅歴」は、遙か彼方の見知らぬ土地、チリとペルーだ。爽やかで飾らない筆致からは、世界の別の姿が伝わってくる。チリのサンティアゴからイースター島へ、アルマス広場散策からモアイ見学へ、リマのサンフランシスコ修道院からアマゾン川へ。じっくりと歴史を味わった後は、いかだに乗って熱帯雨林の探検へ。読者はひとりの旅人となり、鄧氏と共に各地の風土や人々の暮らしをありありと共有する。鄧氏のインスピレーションは、読む者の思いをかきたてる。

本書が「旅歴」であるがゆえ、その行間からは様々な世界の意義が伝わってくる。目の前の現在と歴史となった過去は表と裏の関係にあり、それは見聞でもあり知識でもある。名高い観光地と現地のやさしい人々が作用し合うところに、インスピレーションと思いがある。

「万巻の書を読むは万里の路を行くにしかず」ということばがある。だが、手

にした書が優れた旅行記であれば、その一冊は千里の路に匹敵する。本書を読み、「旅歴」を思い立った読者諸兄が次に世界を眺める時、その瞳に映る景色は一変することだろう。

　学生との交流、教育支援に心を砕いてくださる鄧氏に対し、教育者としての立場から感謝申し上げたい。真実の世界から学び、文化を味わい、人を理解するよう導くこと、様々な角度から考え、黒白を明らかにするよう導くこと。それが、学生にとっての成長の糧であり、今日の教育に欠くべからざる要素なのだ。

漢華中学校長
関穎斌

| 推薦のことば | 3 |

旅人の真髄

　鄧予立さんの著書「南極―遠くて幸せな氷の世界」を手にしたのもつかの間、早くも新作「世界遺産紀行―チリ・ペルー編」が登場した。本作は「半島」、「アラムトから始めよう」、「欧州6か国に遊ぶ」などの旅行記に継ぐ旅の手記である。
　金融界では「証券の星」、「為替のゴッドファーザー」として知られる鄧さんだが、仲間うちでの呼び名は「大侠客」である。数々の趣味のなかでもとりわけ旅を愛し、幾度となく長期旅行に出かけておられるからだ。これまで訪れた国と地域は百を超すとのこと。若輩は恐れ入るしかない。
　鄧さんとは南極ツアーの道中で親しくなった。ツアーの帰路、経由地のアルゼンチンに着いた時のこと、私たちはふと気が付いた。「大侠客」がいない。皆に名物のタラバガニを振舞ったあと、なんと単身で南米に向かったのだという。長旅でくたくたになっていた一同は、ツアー最年長の大先輩の行動力に、ただただ脱帽するばかりだった。鄧さんの旅の真髄については、その後のお付き合いを通じて知ることになる。

思い立ったらさりげなく出発

　思い立ったらすぐ出発――こんな旅に憧れる人は多い。それを即行動に移してしまうのが鄧さん流だ。刻苦奮闘のすえ事業を起こした金融界の大御所は、お金や名誉にこだわらず、欲の皮を張ることもない。ただ心のままに行動し、さりげなく旅に出る。物欲あふれる現代社会において、これほど自由に軽やかに、まだ見ぬ世界へ旅立ってしまうビジネス界のVIPも珍しい。

旅の経験を養分に

　美しい風景を眺め、いろいろな人たちとお近づきになり、古い歴史に浸り、最新トレンドを体験する。鄧さんの旅は、自然に対するリスペクトのプロセスであり、むさぼるように養分を摂取するプロセスでもある。

　ラノ・ララクの麓のモアイ祭壇遺跡で、正午の太陽に別の趣があると聞けば、正午を選んで出直す。イースター島をくまなく歩き回り、失われた千年の文明を追い求める。歴史や新しいものへの興味は、帰国後もたっぷりの養分となり、思考を昇華させる。鄧さんの本には、旅の豊富な知識と感謝の気持ちが詰まっている。

旅の出会いを楽しむ

　鄧さんの旅は、プラス思考で穏やかだ。一人旅では孤独を楽しみ、道連れがいれば、わいわい騒ぐ。古いものに出会えば深遠な物語を拝聴し、新しいものに出会えば体験し味わう。つらい時は達成感を励みにし、気分のいい時はぶらぶら歩く。鄧さんには、世界を楽しむ独自のやり方があり、出会うもの全てが美しいのだ。

　ナスカ地上絵では、軽飛行機に乗って空から眺めることにした。飛行は危険で、毎年のように事故が発生するうえ、あいにくの砂嵐。だが、「せっかく来たのに空を飛ばないなんてお笑い草だ」と言い放つと、未知の冒険に出発した。乱気流の中、続けざまにカメラのシャッターを切り、無事地上に降り立った時、興奮まじりにつぶやいた——「またひとつ忘れられない体験をしてしまった」。見知らぬ世界を抱きしめ、このひと時を楽しむ。旅は鄧さんを幸せにする。

旅の体験をシェアする

　鄧さんは迷わない。写真を撮るだけの旅に興味はなく、パスポートに押さ

れたスタンプの数を誇ったりもしない。好きなのはシェアすることだ。カメラに収めた風景、旅のあれこれを綴った文章をまっさきに送る先は友人たち。ナルシストではないから、ご自身はほとんど写真に写らない。だが、見ればすぐに分かる。この険しい峰に鄧さんが登ったこと、この壮大な海と空を鄧さんが窓から眺めたことが。

　鄧さんの旅は、友人たちに話題と感動をもたらす。送られてきた写真をベッドで鑑賞していると、また携帯電話に新しい写真が届く。「まだ起きているんですか」とたずねると、「眠くないから」とおっしゃる。鄧さんは、一分一秒も惜しまず旅に出る。そして旅で体験した一分一秒を仲間たちとシェアする。

　鄧さんの写真や文章に誘われ、一緒に行きたいと思う人は多い。影響を受ける人はもっと多い。なぜなら、地球はこんなにも神秘的で美しいから。こんなにも沢山のまだ見ぬ人たち、優しい人たちがいるから。生命はこんなにもシンプルで、バラエティに富んでいるから。

　本書には、チリの詩人、パブロ・ネルーダの詩が引用されている。そこにこんな一節がある。

「なんと穏やかに孤独で気高いことか」

　世界を巡り、大きな視野を持つ鄧予立さんにぴったりだ。この言葉をもって賛辞としたい。

鳳凰書品文化出版有限公司執行董事兼総経理
王多多

| 推薦のことば | 4 |

自宅でのんびり南半球の太陽を満喫

　十数世紀も前の時代、人は生まれた土地で暮らすのが常だった。未知の世界を想像しようにも限界があった。20世紀に入っても、生まれ故郷を遠く離れるのは一大事であり、離れたとしても一年そこそこがやっとだった。だから、長らく故郷を離れ、地球の裏側の見知らぬ土地に到達したマルコ・ポーロやコロンブスは、旅行家というよりは探検家と呼ばれた。

　科学技術の進歩著しい現代では、自宅に居ながらにして世界中の出来事を知ることができる。王勃の「天涯比隣の若し」も技術の力で可能となった。しかし、今なお古代の旅行家のように自ら経験することを重視し、世界各地の風土や人々、文化や文物との出会いを大切にしている人もいる。鄧予立氏はその代表だ。旅を愛する教養人が、自らの旅歴を文章にし、世界旅行に案内してくださる。これなら俗世間であくせくするだけの私のような者でも、旅の楽しさを満喫できるというものだ。

　鄧さんは為替のプロで、本来ならカネのにおいがぷんぷんするようなビジネスパーソンだ。しかし、その芸術的センスは、あまり知られていない。ビジネスと芸術の素養を融合させた達人は、友人たちの目には芸術家のように映っている。鄧さんがプライベートで使う印章には、「松性淡くして古（七十歳）を逾ぎ、鶴情高くして群れず」とある。身は俗世にあろうとも、心に陶淵明の洒脱さを秘め、人柄に李白の豪快さと徐霞客のロマンを備えたその人は、ユニークな視点で、踏みしめた大地をつぶさに観察する。そして私たち読者は、自宅でくつろぎながら、暖かな冬の日差しのなかで熱いコーヒーを片手に、地球の裏側にひとっ飛びする。南半球の夏の日差しを感じ、身も心も熱くしながら。

本書には、チリとペルーの経済、生活、文化、文物に関する情報が詰まっており、鄧さんと共に、千年の文化を軽やかに辿ることができる。神秘の地に足を踏み入れ、かつてイースター島が経験した戦禍と再生を目撃する。古代文明の地を歩き回り、危険を冒すことなくアマゾンを眺める。さらに奥深くペルーの桃源郷に入り込み、世界７大奇観のひとつ、インカ帝国の遺跡──有名なマチュ・ピチュを探検する。地球を半周分隔てた南米とアジアがあいまみえることは決してない。だが、鄧さんと共に南半球の大地に足を踏み入れれば、文明、歴史、起源など説明のつかない神秘に触れることができる。「山に登らねばその高さは知れず、川を渡らねばその深さは悟れない。絶景を見ずに、その妙が分かろうか」──本書の一節である。だが、私は今、鄧さんの筆致から、絶景の妙を確かに味わっている。

　鄧さんのその他分野での功績や知識については、数々の著書からお分かりかと思うので、割愛させてもらう。ただ一言だけ申し上げたい。鄧さんの政治、ビジネス、文化、芸術における知識とご見識は、心底、敬服に値する。勉強熱心で、エネルギッシュで、赤ん坊のような好奇心の持ち主だからこそ、常に自らに挑戦し、未来に向かっていくことができる。この世に完璧な人間はいない。だが、鄧さんはルネッサンス期の天才の現代版と表現していい人物だ。太っ腹で付き合いのいいところは、さしずめ現代の孟嘗君といったところか。

　鄧予立さんがこれからも旅を続け、筆冴えわたる著作を発表されることを祈ると共に、私たち読者が、今後とも、自宅に居ながらにして鄧さんの足跡と知識にあずかれることを願う。

ブロンズ紫荊星章受章、太平紳士、法律博士
方和
2014年12月3日　香港にて

| 推薦のことば | 5 |

旅は存在のあかし

　またしても鄧予立さんの新作が出版される。今作は南米の旅行記、鄧さんが地球に印した最新の足跡だ。
　鄧さんから推薦文を書くように仰せつかった。けれど、皆様にはご自身でこの旅行記をお買い求めのうえ、じかに味わっていただくのが一番かと思う。私からは、この場をお借りし、読者諸兄に本書の書き手を簡単にご紹介することとしたい。作家、銭鍾書氏は、世間から寄せられる多大な関心に苦悩し、「いくら卵を食べるのが好きだからと言って、それを産んだめんどりまで追い回す必要はなかろう」とおっしゃった。しかし、めんどりも重要だと思う。めんどりを探さなければ、卵の出どころが分らないではないか。
　鄧さんとお近づきになったのは、2013年末の南極ツアーだった。アルゼンチン最南端のウシュアイアで、フランスのクルーズ客船「ル・ボレアル」に乗りこみ、青い水晶のような氷河を十数日も進んだ。船ではあまりお話しする機会がなく、レストランや上陸舟でご一緒する程度だった。鄧さんは豊かな銀色の髪をした人で、常に首からカメラをぶらさげ、忙しく歩き回っておられた。眉間にうっすらとせっかちな表情を漂わせ、メガネ越しに見えるお顔は、まるで自分に厳しい優等生のようだった。旅の途中、ツアー参加者のWeChatモーメンツは、鄧さんがアップロードした写真でいっぱいだった。
　鄧さんは「一国二制度」の地、香港からの参加だった。同じ香港からの参加者によると、香港金融界の有名人だという。ただし、皆さんがイメージする銀行マンのように、ぽっこりとお腹が出ているわけではないし、金融用語をひけらかすようなこともなかった。南極での日程を終え、ウシュアイアで船を降りたツアー一行は、タラバガニを食べに街に繰り出した。遅れて現れ

た鄧さんは、私と同じテーブルに座ったが、その時、すでに店の支払いを済ませてくれていた。こんなふうにこっそりごちそうしてくれる人は、誰からも好かれる。

　南極から戻ってからの１年間、勤勉な鄧さんは「南極―遠くて幸せな氷の世界」を出版。そして今また「世界遺産紀行―チリ・ペルー編」を上梓された。1に旅行、2に旅行。3、4がなくて5に旅行。いつも旅の途中にいるようなものだ。旅とビジネスを連結するのも上手い。旅行は鄧さんのライフスタイルであり、存在の証なのだ。

　鄧さんはこれまでに百を超す国と地域を訪れたとのこと。そのスピードにかかれば、この星はますます狭くなるだろう。今作は、南米での体験を綴った旅日記のような仕上がりになっている。海外で観光やショッピングを楽しむ中国人が増えていることは喜ばしいが、中国人が自由に旅行することはまだまだ難しい。香港人の鄧さんはまさに旅のパイオニアであり、鄧さんの著書は最適の個人旅行マニュアルと言えるだろう。

英フィナンシャルタイムズ副編集主幹兼FT中国語ネット編集長
張力奮

| 推薦のことば | 6 |

ブラッチャーノ古城（Bracciano）の恐怖

（一）

　2006年、中国銀行の上場審査業務を終えた私は、家族と共にイタリアを旅行し、プライスウォーターハウスクーパースのパートナーを退職したコリー氏を訪ねた。イギリス出身のコリー氏は、46歳で早期退職し、今はイタリアに住んでいる。住まいはローマの北、ブラッチャーノ湖の湖畔で、山でキノコを採り、平地で野菜を作る素朴な日々を過ごしている。湖の北にある丘には、500余年の歴史を持つブラッチャーノ城がそびえる。心理カウンセラーの資格を持つコリー氏の奥方は、診療所を開き、現地で働くイギリス人のカウンセリングをしている。

　ある晩のこと、コリー夫妻から、ブラッチャーノ城の中にあるレストランに招待された。テーブルには紙製の白いナプキンがあり、キャンドルも置かれている。客は食事をしながら、このナプキンに何でも書いていいことになっていた。私とコリー氏は、引退後の生活にいかに備えるべきかについてあれこれ語り合った。これが今回の旅の目的だったのだ。おしゃべりをしながら、私は何とはなしにクレヨンを走らせていた。

　食事を終え、席を立とうとした時、心理カウンセラーのコリー夫人が言った。「ちょっと、ナプキンに何を描いたの」。見下ろした私は呆然とした。ナプキンに描かれていたのは棺桶だったのだ。ひょっとすると潜在意識のうちで、引退を命の終焉ととらえているのだろうか。

(二)

　　鄧予立氏の旅行エッセー「アラムトから始めよう―鄧予立の世界旅行」、「天の道を歩く」、「南極―遠くて幸せな氷の世界」などを読まれた方なら、引退後の彼がユニークで素敵な生き方をしていることをご存じと思う。

　　旅は鄧氏の引退生活を彩る幸せと喜びの要だ。鄧氏は、旅を通じ、異国の歴史や文化を感じ、人生の意義を深めている。訪れた国と地域は百余にのぼる。本書「世界遺産紀行―チリ・ペルー編」を拝読していると、のどかでノスタルジックな小さな町で、桃源郷の逍遥を満喫するイメージが伝わってくる。

　　外為ディーラーとして大手金融機関を担当してきた鄧氏は、後に自身の会社を創業して香港金融市場を育てあげ、香港取引所での上場を果たした。初めてお会いしたのは、鄧氏の会社が上場する際の監査業務を担当した時だ。あふれるエネルギー、みなぎる闘志がとても印象的な人だった。脳の健康を保つとの理由で、今でもご自身で為替取引をされているそうだ。

　　ここで少々、上場のメリットに触れてみたい。上場とは、企業の株式が取引所に公開され、売買に供されることを言う。そのメリットとは、資金調達ができることだけではない。資本市場において、よりハイレベルな監督管理を受けることにより、企業経営者の管理能力が高まることにある。そして、最大のメリットは、企業オーナーに退出メカニズムを提供できることだ。鄧氏は引退に備え、数年前に自身の会社を中国の大手金融機関に売却した。

　　引退に対する鄧氏のポジティブさには感服する。そのキャリアを知れば「ハッピー・リタイアメント」を学ぶことができる。たとえば、若いうちは真面目に努力し、引退生活のために経済的準備をすること。家族や社会の世話にならずに引退生活を安心して過ごせるようにしておくこと。レジャーや娯楽のための金銭的余裕を持っておくことなどなど。鄧氏のサクセスストーリーからは、富と趣味の関連性を学ぶことができる。大のコレクターである鄧氏は、最近、自身のコレクションである万年筆の資産価値を集計し、簿外資産を帳簿に移したのだという。結果、8桁の資産価値があったとか。何と

も羨ましい。

　健康への投資も忘れてはならない。健康な時にお金があるとは限らないし、お金がある時に時間があるとは限らない。お金も時間も十分にあるのは引退後ということになるが、その時健康でなければ意味がない。丈夫な身体は、ハッピーな引退生活の必須条件だ。ゆえに、身体を鍛え、健康に投資しなければならない。

（三）

　潜在意識の中の引退への恐怖を思い出しこう考えた。どうせあくせくと苦労する星の下に生まれたのだから、老いても学び、老いても働くことにしよう。「老いても学ぶ」と言えば、読書や旅行を楽しむライフスタイルが思い浮かぶ。映画「ローマの休日」にこんなうまいセリフがあった。「本を読むか、旅に出るか、いずれにしろ身体と心は同じ道にある」。「老いても働く」については、世の中に役立つこと、自分の健康に役立つことを沢山することに決めた。鄧氏が執筆を続ける姿は、「怠惰こそ最大の罪」だと教えてくれる。

　以上を本書の推薦の言葉とし、私の引退生活を再認識させてくださり、新たな希望を教えてくださった鄧予立氏に感謝申し上げる。

プライスウォーターハウスクーパース北京首席パートナー
呉衛軍

目次

|推薦のことば｜1｜ 新たな夢の旅路／呉康民 ……………………………………… 2
|推薦のことば｜2｜ 旅行と旅歴——世界の眺め方／関穎斌 ……………… 4
|推薦のことば｜3｜ 旅人の真髄／王多多 ……………………………………… 6
|推薦のことば｜4｜ 自宅でのんびり南半球の太陽を満喫／方和 ……… 9
|推薦のことば｜5｜ 旅は存在のあかし／張力奮 …………………………… 11
|推薦のことば｜6｜ ブラッチャーノ古城（Bracciano）の恐怖／呉衛軍 ……… 13

🇨🇱 *Chile* ［チリ］空の果ての国 …………………………… 18

魅力あふれる都——サンティアゴ …………………………………………… 20
世界のへそ——イースター島 ………………………………………………… 32
モアイの謎 ……………………………………………………………………… 40
ラノ・ララクの石像群 ………………………………………………………… 44
イースター島中心部を歩く …………………………………………………… 52

🇵🇪 *Perú* ［ペルー］遙かなる神秘の国 ⋯⋯⋯⋯ 58

痛ましい都市、リマからスタート ⋯⋯⋯⋯ 60
セントロ散歩 ⋯⋯⋯⋯ 66
プレ・インカの創造神 ⋯⋯⋯⋯ 74
アマゾン熱帯雨林の村に突撃 ⋯⋯⋯⋯ 80
イキトス早歩き ⋯⋯⋯⋯ 92
バジェスタス島の動物たち ⋯⋯⋯⋯ 98
ナスカ地上絵の上空を飛ぶ ⋯⋯⋯⋯ 104
白い町――アレキパ ⋯⋯⋯⋯ 110
氷の少女――フワニータ ⋯⋯⋯⋯ 114
モチェ王朝遺跡を歩く ⋯⋯⋯⋯ 118
砂漠の古代海洋都市 ⋯⋯⋯⋯ 124
聖なる湖の伝説 ⋯⋯⋯⋯ 132
失われた都市 ⋯⋯⋯⋯ 142
インカ人の努力と知恵 ⋯⋯⋯⋯ 150
究極のロストシティへ ⋯⋯⋯⋯ 156
比類なき建築技術 ⋯⋯⋯⋯ 168
古戦場に思いを馳せて ⋯⋯⋯⋯ 174

あとがき ⋯⋯⋯⋯ 183

空の果ての国

Chile [チリ]

[チリについて]

チリ共和国（Republic of Chile）は南アメリカ南西部、アンデス山脈西側の山麓に位置する。南と西は太平洋に面し、北はペルーに、東はボリビアとアルゼンチンに隣接する。総面積は約75万平方キロメートル、人口は約1,760万。中部の首都サンティアゴは650万の人口を擁するチリ最大、南アメリカ第4の大都市。

世界の果ての国へ

南極ツアーを終え、南米の旅路に戻る。飛行機で南米大陸の背骨、
アンデス山脈（Andes Mountains）上空を縦断し、チリに降り立った。
長い長い国境線を持つチリは、世界一細長い国だ。
太平洋に面する海岸線は1万キロメートル以上もあり、彼方に南極を望む。
世界最南端のこの国は、「世界の果ての国」とも呼ばれる。

魅力あふれる都――サンティアゴ

　独特な地形で知られるチリだが、ふたつの島も有名で、人気の観光地になっている。「ロビンソン漂流記」で知られるファン・フェルナンデス諸島（Is. Juan Fernández）、そして今回の旅の目的地、絶海の孤島――イースター島（Easter Island）だ。

　イースター島までは首都サンティアゴで飛行機を乗り継ぐ必要がある。半日のトランジットを利用して、市内をぶらぶらすることにした。

　世界には「サンティアゴ」という名の土地が6千以上ある。だが、国の首都はここだけだ。「サンティアゴ」は、スペイン語でイエスの使徒、聖ヤコブ

旧市街の一角

のこと。クリスチャンに敬慕される聖ヤコブが、この地の守護神というわけだ。1818年、スペインから独立し、首都となったサンティアゴだが、今なおスペイン語の名前が使われている。

　チリの中央部にあるサンティアゴは、アンデス山脈の麓の巨大な盆地に位置する。ここは、政治、経済、文化の中心であり、南米大陸第4の大都市だ。市内からは一年を通じて雪を頂くアンデスの山々が見える。遙かに長く連なるアンデスは天然の障壁となり街を守っている。

　市内は旧市街と新興地区に分かれる。旧市街には、スペイン植民地時代の南欧ムード漂う建築物が残り、観光スポットが集中する。新興地区は、ファッショナブルでトレンディな店、ショッピングセンター、ホテル、レストランなどが建ち並ぶ繁華街だ。

　地元で有名なチャイナ・シティをクルマで走る。中国語の看板を掲げた店が沢山あり、ちょっと中国っぽい。ドライバー兼ガイドによると、チャイナ・シティはどんどん膨張しているらしい。アジア各地からの移民も増えており、アジア・シティに姿を変えつつあるとのこと。

　地理的に見ると、南太平洋の東側にあるチリは、太平洋プレートとナスカプレートの中間に位置する。国内に2,000以上ある火山のうち活火山は500余り。地震の多い国だ。ここ500年の間に、50回近くの大地震と20回以上の津波が発生した。1960年にはマグニチュード9.5の超巨大地震に見舞われ、数千人の方々が亡くなった。この時発生した津波は、ハワイ、日本、フィリピンにまで到達した。

新興地区に林立する高層ビル群、右奥がコスタネラ・センター

　ところが、現在のサンティアゴ新興地区には、高層ビルが林立している。金融街にそびえる高さ300メートルのコスタネラ・センター（Gran Torre Costanera）は、21世紀の新たなランドマークだ。

　地震の多い国なのに、なぜ超高層ビルを建てるのだろう。ガイドによると、首都サンティアゴの人口は650万余、チリで最も人口密度の高い街ゆえ、高層ビルが多いのだそうだ。それに、地震帯の上に位置しているわけではないし、政府も耐震設計に力を入れている。こんなに背の高いビルがマグニチュード9以上の地震に耐えるという。また、チリの人々は、日頃から地震に備え、被災後の救援活動等、地震対策が生活の一部になっているのだそうだ。

　サンティアゴ市街地の面積は約640平方キロメートル、市の総面積は1万5,400平方キロメートル余りだ。半日で全てを見るなど、土台無理な話。見どころを数か所選んで、400年の古都の魅力を楽しむとしよう。

コスタネラ・センター

サンディアゴの絵はがき

全長3キロメートル、華やかなオイギンス通り

　宿泊先のホテルは、チリの人々の聖なる丘、サンタ・ルシアの丘（Cerro Santa Lucia）の麓にある。その昔、スペインの征服者と故郷を守ろうとするインディアンの間で激しい戦闘が起こり、おびただしい数のインディアンが殺された。サンタ・ルシアの丘は、この悲惨な歴史の証人だ。時代は変わり、今では恋人たちが愛をささやくデートスポットになっている。

左／宿泊先ホテルのガーデンプール　右／ホテルのクリスマスデコレーション

Chile［チリ］ | 23

恋人たちの語らいを邪魔するのも野暮というもの。丘の麓から市街地へと通じるオイギンス通り（O'Higgins Avenue）を歩き、新旧市街地へ向かうことにした。
　国民の父、ベルナルド・オイギンスにちなんだこの通りは、全長3キロメートルの目抜き通りだ。中央は緑地帯、両側には街路樹が葉を茂らせ、噴水や彫像が点在する。ここは首都の繁華街、サンティアゴのシャンゼリゼだ。

権力の象徴vs.先住民の勇気

　1541年に造られたアルマス広場（Plaza de Armas）は、旧市街の中央にある。確かブエノスアイレスにも同じ名前の広場があったし、次に訪れたペルーの街中でも、同じ名前の広場に出くわした。傍らのドライバー兼ガイド

全長3キロメートルのオイギンス通りは、サンティアゴのシャンゼリゼ

にたずねると、スペインの征服者の習慣なのだという。土地を征服したスペイン人は、まず広場をつくり、それを中心に街をつくる。「アルマス＝武器」という名が付いてはいるが、武器の保管庫だったわけではなく、法律を公布し犯罪者を処罰することで、統治者の権力を象徴するための場所だったそうだ。

　正方形のアルマス広場はさほど広くないが、大勢の人々でにぎわっている。シュロの木陰の人だかりは、チェスの名勝負を見物するギャラリーだった。

　広場中央のクラシックな噴水では、子供たちがじゃぶじゃぶと水遊びをしている。涼しげな水音が、真夏の熱気を追い払ってくれた。

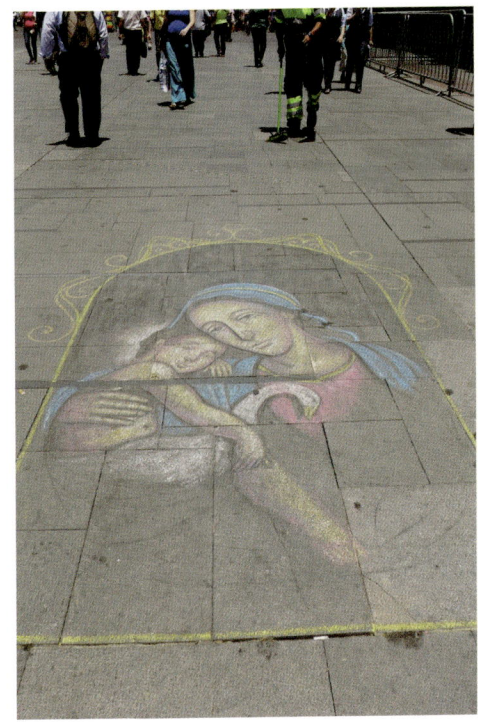

左／地面に描かれたストリート・アート　右上／アルマス広場のチェス勝負　右下／広場中央の噴水

広場周辺の旧市街には、宗教、政治、文化にまつわる機関が集まり、スペイン植民地時代から残るノスタルジックな南欧風建築が周囲を取り巻いている。1558年に建てられたメトロポリタン大聖堂（Catedral Metropolitana）は、内部装飾も美しく、その豪華さはヨーロッパの教会にも引けを取らない。

　他にも、皇族裁判所を改造した国立歴史博物館（Museo Historico Nacional）や、サンティアゴ中央郵便局（Correo Central）、市庁舎（Municipalidad de Santiago）など、様々な博物館や宮殿があったが、時間の都合で、内部を見学することはできなかった。

　ただ、広場にあるふたつの彫像はぜひ見たほうがいいとのこと。1体はスペインの軍人、バルディビアの騎馬像。もう1体は頭部を捧げ持つ素朴で荒削りな先住民の石像だ。ガイドによると、馬は先住民にとって崇拝の対象であ

左／メトロポリタン大聖堂　右上／メトロポリタン大聖堂の美しい大ホール　右下／大聖堂のステンドグラス

るため、騎馬像は神への冒涜にあたる。そのうえ、スペイン人による先住民惨殺の歴史を思い起こさせるとして、先住民による抗議デモが多発した。そこで事態を収拾するため、騎馬像を隅っこに移動したのだという。もう1体の像、頭部を捧げ持つ巨大な先住民は、侵略者に抵抗した勇気を称え、歴史と文化を偲ぶ気持ちを表したものだそうだ。

上／頭部を捧げ持つ先住民の石像　下／バルディビアの騎馬像

自由と憲法と大統領官邸

　自由広場と憲法広場に挟まれた大統領官邸——モネダ宮殿 (Palacio de la Moneda) は、19世紀の建築物だ。もともとは造幣局で、後に大統領官邸になった。新古典主義の風格を持つ飾り気のない白が美しく、荘厳で厳粛なムードを醸し出している。自由広場側は補修中だったので、憲法広場から北門に入った。北門には、警備の衛兵たちが立っている。一日おきに午前10時から行われる大がかりな衛兵交代式は、観光客や市民に大人気だそうだ。

　憲法広場周辺は経済の中心地。モネダ宮殿の前には沢山のチリ国旗がたなびいている。広場にはチリの人々が敬慕する英雄や著名人の彫像が多くあり、彼らの功績を称えている。

左上／荘厳で厳粛な大統領官邸　左下／憲法広場と大統領官邸にたなびく国旗　右／大統領官邸を警備する衛兵

聖母の丘から市街地を望む

　市内の高級住宅街を車で通過し、マポチョ川のほとりから聖母の丘——サン・クリストバルの丘（Cerro San Cristobal）に登る。「聖母の丘」の名は、フランス政府から贈られた丘の上の聖母像に由来する。現在は国立公園（Parque Metropolitano de Santiago）になっており、総面積は700平方キロメートル。現時点では世界最大の市街地公園だそうだ。園内では木々が緑の葉を茂らせ、花々の香りが漂う。人気の観光スポットだ。

　丘の海抜は400メートル少々。歩いて登ることもできるが、麓からケーブルカーが出ている。ここは体力温存のため、ケーブルカーに乗ることにした。

左／憲法広場の彫像　右／サン・クリストバルの丘のケーブルカー

ケーブルカーを降り、白い大理石のマリア像を見上げる。高さ14メートル、台座を含めた総重量は36.5トンにもなる。わずかに開いたマリア像の両腕は、まるでこの世界を抱きしめ、愛おしんでいるかのようだ。とても神々しい。たびたび霊験を現し人々を加護してきた聖母マリアは、今も国民から慕われているという。

　丘の上からは、盆地の全貌、市街地全体を一望できる。ぎっしりと建ち並

左上／サン・クリストバルの丘の教会　左下／両手を広げ、世界を抱きしめるマリア像

ぶ建物は、いくら見てもきりがない。中央には高さ300メートル超のコスタネラ・センターがどっしりと構えている。周囲を睥睨する姿は、台北101にも似て、実に堂々たるものだ。

　丘の上でしばしの時を過ごす。本当はサンティアゴの夕暮れを見たかったのだが、あいにく閉園時間だというので、明日に備えるべくホテルに引きあげた。

サン・クリストバルの丘からサンティアゴのランドマーク、コスタネラ・センターを望む

Chile［チリ］| 31

世界のへそ——イースター島

　翌日、すがすがしい朝日のなか、南米最大の航空会社、ラン航空の便で、サンティアゴから3,500キロメートル離れた南太平洋の孤島に直行する。

　イースター島は、遙かにかすむ南太平洋に浮かぶ絶海の孤島。島は三角形をしており、面積は台湾の金門島よりやや大きい165平方キロメートルだ。地理的には太平洋プレートの火山島に属し、1万年以上前に噴火した3つの海底火山がつながってできた小島だ。3つの火山は、現在では三角形をした島の各頂点に姿を変えており、島一面が火山岩になっている。

　1722年4月5日、復活祭の夜、オランダ人探検家ヤーコプ・ロッヘフェー

イースター島のマタベリ国際空港

ン（Jakob Roggeven）が発見したこの島を発見し、「イースター島」と命名した。だが、島の人たちはラパ・ヌイ（Rapa Nui）またはテ・ピト・オ・ヘヌア（Te Pito te Henua）──「世界のへそ」と呼んでいる。

　この神秘的な島には、毎年、世界各地から大勢の観光客が押し寄せる。かく言う私も、この地に憧れ、遙か彼方からやって来た。

　5時間のフライトの後、旅客機は島唯一の空港──マタベリ国際空港にゆっくりと着陸した。到着後、すぐに島の人たちのもてなしを受けた。私たちに花の冠をかぶせ、温かく祝福してくれる。実にホスピタリティ溢れる人たちだ。

　島の主要産業は観光業である。ちょうど真夏のピークシーズンにあたり、サンティアゴからの便はチケット確保が難しい。それなのに島にはホテルが少なく、大半は民宿程度の規模しかない。なじみのブラジル人ガイド、ミス・ヴィッキーが同行してくれる手はずだったが、彼女の航空券とホテルが手配できず、私ひとりで来ることになった。後々のスケジュールは改めて組むことにしよう。

左／マタベリ国際空港の景観　右／イースター島の地図

　宿泊先は、国立公園の中に設けられたコテージ式のホテルだ。丘の上に建つコテージのバルコニーからは、緑の葉をつけた灌木、空と同じ色をした太平洋が望める。すがすがしい空気、風が運ぶ花々の香り。あたりは静かで、すっかりリラックスしてしまった。

宿泊先ホテルの客室

　イースター島は、小さいが魅力あふれる島だ。世界文化遺産に登録されているこの島のラパ・ヌイ国立公園には、数百年の歴史を誇る、ポリネシア島民文化があり、千年以上の時を経た数百体の巨人の石像──モアイ（Moai）が残っている。

　多くの観光スポットへは徒歩以外の交通手段がなく、時間的余裕はない。早速出かけよう。せっかくのチャンス、ぐずぐずしている場合ではない。

ホテル周辺には緑が茂る

左／アナ・カイ・タンガタから海を望む　右／剥落し海水で傷んだ洞窟内の壁画

鳥人と尊ばれた王様

　ラノ・カウ山（Volcano Rano Kau）から遠くない岸壁の下に、島最古の遺跡、アナ・カイ・タンガタ（Ana Kai Tangata）の洞窟がある。岩場を下り、高さ約4メートル、奥行き15メートルの洞窟に着いた。

　洞窟内にはラパ・ヌイ文明の壁画が残っている。紅白の壁画は、長い年月の間に、岩石が剥落したり、打ちつける海水に浸食されたりで傷みが激しく、それが海鳥の絵だということは、推測するしかない。ガイドによると、その昔、「鳥人」と呼ばれる島の新しい王様だけが、この洞窟に入り、儀式を行うことができたそうだ。儀式を終えた新王は、オロンゴ（Orongo）の鳥人村で、即位式に臨んだという。

洞窟にはラパ・ヌイ文明の壁画が残る

オロンゴ鳥人村ビジターセンターで鳥人の歴史を学ぶ観光客

　ラノ・カウ山のオロンゴ鳥人村ビジターセンターでは、鳥人の歴史を学ぶことができる。ガイドも熱心に説明してくれた。「鳥人」というのは勝者に与えられる称号で、かつて島で行われていた鳥を崇拝する伝統的宗教儀式に由来するのだそうだ。

新たな王を選ぶ卵取り競争

　島の人々は、神鳥マヌ・タラ（Manu Tara）を崇拝していた。毎年8月から9月、島の各部族からそれぞれひとり選ばれた戦士たちが、オロンゴ鳥人村に集まった。戦士たちは丸腰で千メートルの海を泳ぎ、モト・ヌイ（Moto Nui）という島に渡って、神鳥の卵を探した。頭にくくりつけた箱に見つけた卵を収め、再び海を渡り、最初に鳥人村に戻った者が勝者だ。勝者はその後1年の間、島の王として君臨し、人々の尊敬を集めた。ヒトの体に鳥の頭をした王様の姿は、岬の岩に刻まれている。数百年の時を経た岩の彫刻たちは、意外にもあっさり見つかった。

　ざっくばらんに言うなら、鳥人の卵取り競争は、王様選びの方法だ。鳥人の競技は毎年行われ、王様も毎年交代したため、岸壁の上には王様専用の岩屋が50棟以上残っている。だから鳥人村というわけだ。

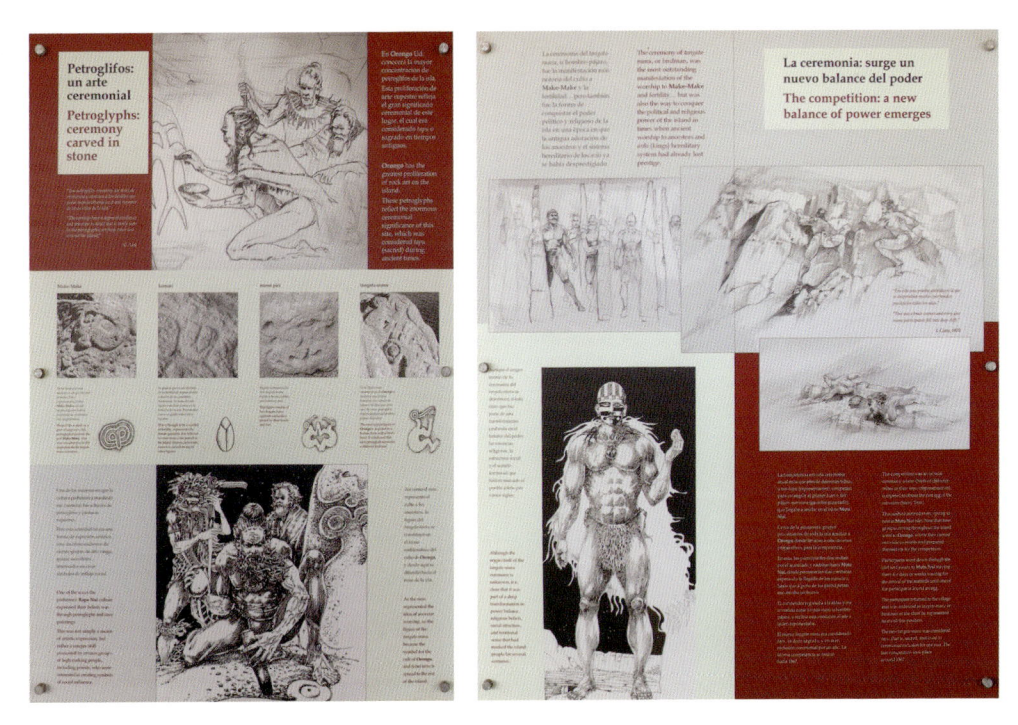

左／鳥人の彫刻の紹介　右／卵取り競技の紹介

岬に彫られた鳥人像

Chile [チリ] | 37

左上／鳥人村の岩屋　左下／岩屋の石板　右上／岩屋の入り口　右下／一番遠くにあるのが鳥人競技の島、モト・ヌイ

島最大のカルデラ湖

鳥人村の上方には、島最大のカルデラ湖（Mirador Rano Kau）がある。深さ11メートル、直径160メートル、びっしりとアシが生えている。ところどころ露出した部分にだけ、真っ青な空を映す澄んだ湖水が見える。湖水は陽光を受け、きらきら輝いていた。

パスポートに押してもらった
イースター島のスタンプ

　岸壁から海をのぞいてみた。荒れ模様で、波も激しい。この海には恐ろしいサメがいるそうで、見ているだけで怖くなってくる。荒海に挑む度胸は持ち合わせていないので、陸のほうへ引き返した。再び海を眺めると、島が三つ見える。一番遠くにあるのが、一番大きな島モト・ヌイだ。

　さらに遠くに視線を移すと、広々とした太平洋と青空が渾然として一体をなしている。広く大きな海に囲まれながら、今まさに、憧れのイースター島にいることを実感した。

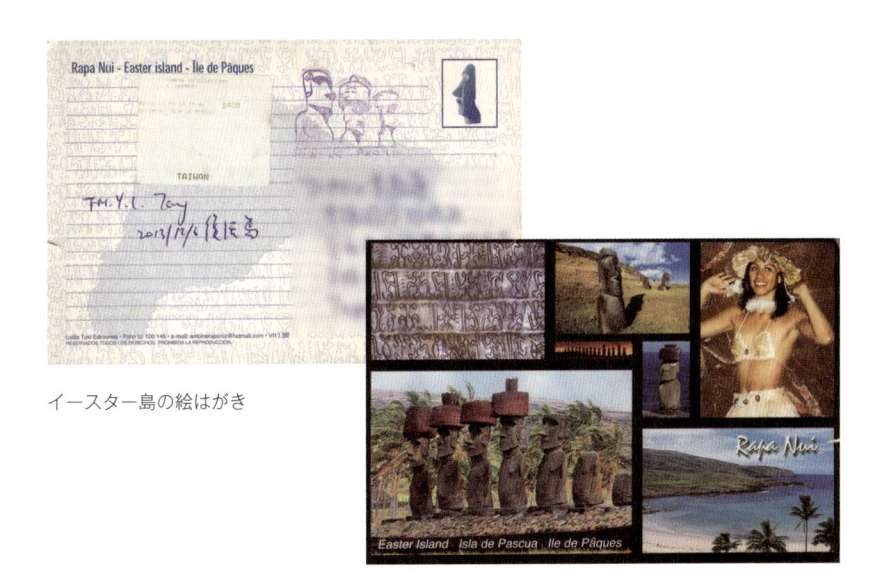

イースター島の絵はがき

Chile ［チリ］ | 39

モアイの謎

チリの偉大な詩人、パブロ・ネルーダ（Pablo Neruda）は「The Separate Rose」という詩を書いた。イースター島を訪ねた詩人が、物言わぬモアイに捧げた永遠の詩だ。

モアイの巨人像は、イースター島でしか見られない古代文明の遺跡である。この小さな島には、なんと887体もの石像が残っている。石像は様々な場所に点在しており、あるものは波が洗う海岸に寂しく倒れ、あるものは荒れ野の斜面にたたずみ、あるものは高い祭壇に厳かにそびえる。

大部分は何者かに破壊され、雨風にさらされて崩れてしまったが、完全な姿で立っているものもある。だが、全てのモアイには共通点がある。それは、千年以上の風雨に耐えながら、島の急激な移り変わりを目撃してきたという点だ。

ラノ・カウ山麓の海岸には、砂の上に頭だけ出したモアイがある。このモアイから、ガイドは石像の謎について語り始めた。

まずは島の歴史について。記録によれば、島に暮らすラパ・ヌイ人は、ポリネシア系の人々で、彼らが話すラパ・ヌイ語はタヒチ語と同じ語派に属する。高度な航海技術を持つ彼らは、貿易風に乗り、星を見ながら大海を渡って、この島にやって来たと伝えられている。モアイはラパ・ヌイ人の神であり、穏やかな天候、豊

ラノ・カウ山麓の海岸にある砂から頭だけを出したモアイ

かな暮らしを島にもたらすと信じられていたとも言われる。

戦禍に見舞われたモアイ神

　ところが、歴史の長い流れのなかで、土地や食料の配分をめぐり、部族間の争いが起こった。「長耳族」と「短耳族」との戦いでは、魔力（マナ）を失わせるため、勝者が敗者のモアイを倒したうえで両目をえぐった。

　海岸には、首と胴体が分断され、傾いたモアイや、うち捨てられたモアイが残っている。激しい戦の後の古戦場のようだ。

　内戦だけではない。数百年の間、イースター島は大飢饉、伝染病、乱伐、人口激減などの危機に見舞われた。さらに、海を越えて現れた植民地主義者による略奪、奴隷狩りや植民地化などを経験した。最盛期には、1万人以上に増加した人口が、わずか111人に激減した時期もあった。

倒れたモアイ

1888年、イースター島がチリに返還された後、政府による支援と街づくりが始まった。孤島は観光の島に姿を変え、島の人口は5700人余りに回復した。再生を遂げたと言っていいだろう。

　モアイの材料は島の黒い凝灰岩（tufa）で、全て現地調達だ。ほとんどは男性の姿をしており、頭をもたげて胸をはったもの、立っているもの、ひざをついているものなどがある。多くは面長で、長い耳、平らな額、高い鼻、奥まった目、太い眉の厳かな表情は真に迫る。あるものは赤い凝灰岩でできたプカオ（Pukao）と呼ばれるまげを頭に頂いている。プカオは身分の高さを表すという。

　ガイドによると、モアイの材料である石は、島の東側のラノ・ララク山で切り出したものだそうだ。ラノ・ララク山では、計397体の完成品、未完成品が見つかったが、そこに金属製工具や運搬用の道具はなく、石製のナイフ、

左上／倒れたモアイたち、手前の赤い石はプカオ　左下／イースター島のプカオ製作所、プナ・パウ　右／プカオ

くわ、斧、のみなどが出てきただけであった。とても大変な作業だったことだろう。

足のないモアイをどうやって運んだか

　モアイは、高さ7～10メートルのものが多く、重さは10トンから100トン以上のものまである。いったいどうやってこの巨大な石像を製作所から運び出し、島の各地に移動させたのだろう。考古学的見地から考えてみよう。考古学者たちは、「ハウ・ハウの木」の繊維で作った縄を石像の首に掛け、100人以上のチームで動かしたと考えた。シュロの木で作った木製のてこで、少しずつ少しずつ移動したという説もある。これほどの大事業は、よほど強い意志がなければ成し得ない。モアイへの信仰の深さが分かろうというものだ。

　最大の謎は、やはりモアイそのものの意義だろう。モアイは神なのか。はたまた別のものなのか。この問題は、考古学者たちを苦悩させた。今日に至るまで、諸説紛紛としている。ガイドによれば、先祖や王様を祭るために作られたというのが島の人々の認識だそうだ。だが真相はどうであれ、モアイが極めて貴重な巨大石像であり、イースター島の人々みんなの大切な古代文明遺産であることだけは確かである。

　ロンドンの大英博物館には、島から「盗まれた」石像がある。最も精巧で、状態が良い1体だ。しっかりとした両腕と乳首があり、背中の模様もはっきりしている。この石像の名は、「ホア・ハカナナイア」（Hoa Hakananai'a）。ラパ・ヌイ語で「盗まれた友」という意味だ。それを聞いた時、島の人たちのユーモアのセンスに、こっそり笑ってしまった。モアイたちがこの空の果ての島に堂々と立ち続け、世界各地から訪れる観光客に感動を与え続けてくれることを、心から願う。

大英博物館の「ホア・ハカナナイア」

ラノ・ララクの石像群

　滞在中は、毎日、ガイドと一緒に、島内をくまなく歩き回り、失われた千年の島民文化を辿り、大自然の素晴らしい風景を鑑賞した。
　最も忘れ難いのは、海岸で見た日の出の光景だ。

外国帰りのモアイ

　夜明け前、ラノ・ララク麓の海岸へ向かう。ここには、1991年に、日本の資金と技術によって修復されたモアイの祭壇、アフ・トンガリキ（Ahu

夜明けのアフ・トンガリキ

朝の光がモアイの間を通過する

　Tongariki) がある。1960年、マグニチュード9.5の地震による津波は、無残にもモアイを突き崩し、なぎ倒した。だが、倒れたモアイたちは、日本製のクレーンによって、ひとつひとつ立ち上がった。そのうち、特に状態の良い15体を祭壇に並べたのがアフ・トンガリキである。15の巨大石像が高い塀のごとく連なり、海を背に、一列に並んで立っている。遠くから眺め、広大な海辺に展開するダイナミックな景観を鑑賞した。

　大地一面は荒涼たる闇。草地から聞こえる野生馬のかすかないななきが、ごうごうたる波音に入り混じる。観光客たちと共に、息を殺して日の出を待つ。太平洋の海面から日輪が顔を出す瞬間を。

　空の果てが次第に白む。一筋の赤い光が雲を貫き、溢れる。眩いばかりの美しさだ。その日、空には厚い雲が掛かり、太陽の全貌を見ることはできなかった。だが、一筋の光線がモアイの間を通過し、荒涼たる遺跡に光芒が降り注ぐさまは、なんとも雄壮で美しく、心を揺さぶる光景だ。まさに、初めて味わう感覚だった。

Chile [チリ] | 45

島でただ一体、留学経験のあるモアイ。後方はアフ・トンガリキの15体の石像

　ラパ・ヌイ人の末裔だという遺跡の管理員は、私から離れようとせず、熱心に説明をしてくれた。祭壇の周りには壊れたモアイがまだ沢山残っており、島の人々が岩に刻んだトーテムもある。この祭壇は、島の人々が、神として敬う太陽を拝んだ場所なのだという。そして、豊かな暮らしの場所だったという。管理員は遺跡の入口に私を案内し、島でただ1体の、海外留学をしたモアイを紹介してくれた。1982年、大阪エキスポランドの展示物として貸し出された後、再び島に戻り、この地を守護しているのだそうだ。

　管理員は、こんなことも教えてくれた。朝、昼、晩、時間を変えて海辺の祭壇を訪れたなら、東の空に登る朝日、真上にある正午の太陽、西に沈む太陽が、それぞれモアイを照らす様子を見ることができ、また違った趣だと。

日本が行ったアフ・トンガリキの修復と支援の説明

左／遺跡の管理員はラパ・ヌイ人の末裔　右／正午に再び訪れた太陽の真下のモアイ

　薦めに従い、正午に再び訪れた。真上から太陽に照らされたモアイ。青い空に白い雲が映える。巨大な石像はいっそう堂々たる姿に見える。
　ここで、ちょっとガイドにお願いして、遠近法のトリックによる「16体目のモアイになった鄧予立」を撮影してもらった。早速、ネットで会社に送信。同僚たちを笑わせてやろう。

ガイド撮影による「16体目のモアイになった鄧予立」

Chile [チリ] | 47

山の斜面に点在する大小様々な石像

採石場の謎

　見逃せない場所は、まだある。海岸の上方にあるラノ・ララク採石場（Rano Raraku Quarry）だ。この地の豊富な凝灰岩がモアイの材料であったことから、火山全体がモアイの製作所になっていた。

　歩道を通り、山に登ると斜面のいたるところに、様々な形、様々な大きさの石像がある。あるものは運搬中の完成品、あるものは洞窟に保管された未完成品だ。ところが、どういうわけか工具やら石像やらがそのまま放置されている。まるで石工や運搬係が、何もかもほったらかして去ってしまったかのようだ。まるで時間が永遠に止まってしまったかのようだ。なぜこんなことになったのだろう。それこそが、今日に至るまで考古学者たちを悩ませている問題であり、この島の歴史における、さっぱり答えが見つからない謎なのだ。

　登り続けるとラノ・ララクのカルデラ湖に着いた。湖面はラノ・カウのカルデラ湖より小さいが、アシに覆われておらず、澄んだ湖水が姿を見せている。野生馬の群れが自由自在に緑の外輪山を駆け回る様子に、塞外の風景を思い起こした。

左上／ラノ・ララクのモアイ製作所　左下／ラノ・ララクの火口湖　右上／洞窟に保管された未完成の巨大なモアイ
右下／外輪山には野生馬が遊ぶ

左／珍しい「ひざまづく」モアイ　右／巨人の見つめる先は

Chile ［チリ］ | 49

左／七勇士　右／この7体のモアイだけが海を向いている

海を見つめる七勇士

　アフ・アキビ（Ahu Akivi）は、「七勇士」と呼ばれるモアイの遺跡だ。7体のモアイは、ホツ・マツア王（King Hotu Matua）の居住地を探すため、遠方からやって来た人々を記念したものだと言われている。形は他の石像たちとほぼ同じだが、海に向かって立っているのは、この7体だけである。遙かな故郷を思う姿を表しているからだと言われている。もしもサンゴでできた目が残っていたなら、その瞳の奥に故郷への思いが見えたことだろう。

　続いて、島の人々の避難所であった溶岩の地下洞穴へと進む。入り口は外からは分りにくいが、内部はまるで別天地である。百人以上が暮らせるほど

左／避難用の溶岩地下洞穴、出入口は分りにくい　右／内部は真っ暗で、ガイドにくっついて進まねばならない

の広さは、機能に応じて居室、食料庫、医務室などに整然と区画されている。だが、さすがに明かりは不足しており、非常に暗い。石ころだらけの洞穴でうっかり転ばないよう、ガイドにぴったりくっついて歩くほかなかった。

幸せをもたらすへそ

　アフ・アカハンガ（Akahanga）は、最も考古学的価値があるとされる遺跡だ。1968年、アメリカの考古学者によって、この一帯の原始村落遺跡が復元された。この村落には、石で囲まれた畑、集会広場、船形をした部族長の住居、火葬場が備わり、モアイもある。積み上げられた石は、養鶏場なのだそうだ。ガイドに教えてもらわなかったら、お墓と勘違いしたところだ。

　地元の人たちは、この島を「世界のへそ」と呼ぶ。その理由は、天を祭る場所、アフ・テ・ピト・クラ（Ahu Te Pito Kura）にある。海岸に近いこの場所にあるつるつるした大きな丸い石。この石が、イースター島の王様が故郷、ヒヴァ（Hiva）から持ち込んだとされる「世界のへそ」だ。石は強力な磁気を帯びており、額をこの石にくっつけると幸運が来ると考えられている。私も、幸運が来ることを願って額をくっつけてみた。

「世界のへそ」を表す石

イースター島中心部を歩く

　イースター島にあるのは、古代遺跡ばかりではない。北東部にはまた別の世界がある。
　白い砂浜のビーチが青い空に映える。さほど広くはないが、静かで景色も美しい。周囲は緑に茂るシュロの林だ。ここは、有名なアナケナ・ビーチ (Playa do Anakena)。島ではただ一か所、遊泳可能なビーチであり、島の王様が上陸した場所とも言われている。しばしビーチにとどまり、大自然に抱かれながら、シュロの木陰で島伝統のシーフードの石焼料理をいただくとしよう。

アナケナ・ビーチは島でただ一か所、遊泳可のビーチ

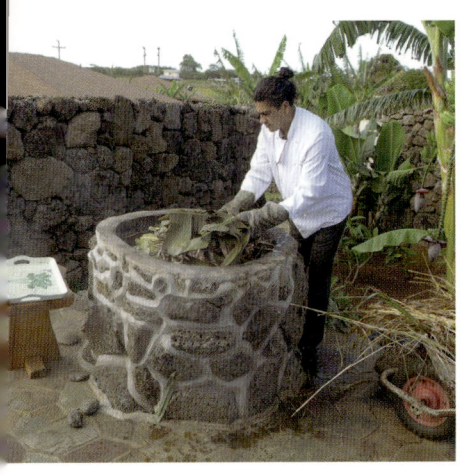

伝統料理、石焼きの魚

最後の20枚、解読できないロンゴ・ロンゴ

　その昔、王様が上陸したと伝えられるアナケナ・ビーチは、島でただ一か所、古代文字の記された木板が見つかった場所だ。この事実は、かつてこのエリアが文化、政治の中心であったことを物語る。

　木板にびっしりと刻まれた細かな古代文字は、象形文字と同じく、あるものは人物に、あるものは鳥や魚に似ている。また、あるものは右から左へと刻まれ、あるものは左から右に向かっている。この「文字」は何を示しているのだろう。この古代文字が刻まれた木板は、世界にわずか20枚しか残っていない。解読できる者はすでになく、またひとつ、この島の謎を増やすことになった。

ロンゴ・ロンゴ「物言う木板」

Chile [チリ]

考古学者たちは、この木板が古代人が携帯した本のようなもので、神をたたえる詩や神話が記されているという仮説を立てた。島の人たちは、この木板を「ロンゴ・ロンゴ（Rongo Rongo）」──「物言う木板」と呼んでいる。イースター島中心部の博物館では、実際に古代文字の木板を見ることができた。

　ビーチを後にしてホテルに戻り、一休みすることにした。ちょうどオーブンから魚の石焼料理が取り出されたところを通りかかる。シェフがシーフードを包んだシュロの葉を開くと、いい匂いがプーンと漂ってきた。さっき食事をしたばかりだというのに、またお腹が空いてきた。

　次なる行く先は中心地の劇場。ここでは、本場の歌舞ショーを鑑賞した。パフォーマーたちがステージで歌い、踊る。客席とのコミュニケーションもばっちりだ。会場中が熱狂し、真剣に見入る。パフォーマーたちの衣装や小

先住民の歌舞は熱気ムンムン

道具、楽器、そしてダンスや音楽までもが、以前ニュージーランドとフィリピンで鑑賞した先住民のパフォーマンスに酷似している。やはり同じポリネシア系なのだなあ。

　翌日、島の中心地ハンガ・ロア（Anga Roa）を訪れた。島の人口はここに集中する。高層ビルはなく、民家はみな木造の平屋で、素朴で清潔な雰囲気だ。ホテルや店は２本のメインストリート沿いにある。

　パトロール中の警官を見かけた。ガイドによると、島の人たちは親切でもてなし好き。民度が非常に高い。だから治安はとてもよく、強盗や刑事事件はめったに起きない。刑務所があることはあるが、ずっと空っぽだそうだ。

　ここにはカトリック教会がある。ちょうど日曜日だったため、早朝からミサに出る人たちでいっぱいだ。おそろいの白い服を着た児童合唱団が、独特のメロディーで福音を告げる。天使の歌声が辺りに響き渡った。

カトリック教会と合唱団の子供

博物館の外壁にはラパ・ヌイ人の末裔の写真数百枚が展示されている

　ここでの目的は博物館だ。館内には貴重な出土品の数々が陳列されている。実物を見ることで、文化、文明の歩みを深く知ることができた。モアイの製作過程、運搬方法を解説した図もあった。一番の収穫は、モアイの失われた巨大な目、トーテムと島民の原始工具などを見られたことだ。

　博物館の外壁には、ラパ・ヌイ人の末裔たちの写真が数百枚展示されている。先住民である彼らも、今では500人足らずしかいないという。数十年後、さらに同化が進めば、先住民たちの存在も歴史の一部になってしまうのかもしれない。

モアイの失われた巨大な目

近距離から鳥人競技の小島を観察

鳥人儀礼の岩場

　島を離れる前、最後のプランを手配した。個人でモーターボートをレンタルし、南太平洋の波の上で風に吹かれながら、オロンゴ村の海に向かったのだ。

　下から見上げる岸壁は、いっそう険しく見える。さらに千メートル先の三つの小島へと進み、近距離からありありと小島を観察。鳥人競技の勇士たちが逆巻く波を物ともせず、この険しい岩場に神鳥の卵を求めた姿に再度思いをはせる。その並外れた勇気には改めて感服せざるを得ない。

　海上で半日を過ごした後、ホテルに戻り、サンティアゴ行きに備えて荷物をまとめた。サンティアゴからは、飛行機を乗り継いでペルーに向かう。南半球の旅、インカ帝国を尋ねる旅の始まりだ。

海上から見えるモアイたちは、全て陸のほうを向いている

Chile [チリ]

遙かなる神秘の国

Perú [ペルー]

[ペルーについて]

ペルー共和国（The Republic of Peru）は南アメリカ大陸の西海岸、赤道以南に位置する。太平洋に面し、ブラジル、コロンビア、エクアドル、チリ、ボリビア等の国に隣接する。国土面積128万平方キロメートル、人口は3,000万人余りの南アメリカ第四の国。首都リマ（Lima）は中部の太平洋岸に位置するこの国第一の都市で、政治、経済、文化の中心でもある。リマの都市圏人口は、全国総人口の三分の一に当たる約900万人。

遙かなる神秘の国

飛行機を乗り継いで30時間近く。ついにペルーに到着した。
来てみて初めて、ここにあるのが世に名高いインカ文明や、
インカ帝国を代表するマチュピチュだけでないことを、
ここが世界五大文明の一つを擁する古い国であることを知った。
私はこの南アメリカ最古の国で、インカ文明だけでなく、
まだ人に知られていない神秘的な古代文明を訪れ、また舟でアマゾン川を進み、
熱帯雨林の野性的で魅力的な風景に触れようとしている。

痛ましい都市、リマからスタート

　ペルー。それは遙か彼方にある神秘の国。
「遙か彼方」というのは、香港からペルーまで行くのは、全く容易なことではないからだ。香港を出発したら、米国か欧州諸国のどちらかで飛行機を乗り継がなければならず、飛行時間は全部で（乗り継ぎの時間も含めると）30時間近くになる。かくも長い道のりは、多くのアジア人旅行者を躊躇させる。
　そして「神秘」的なのは、世に名高いインカ文明と、インカ帝国を代表するマチュピチュがあるからだ。
　北京で知り合った友人周健和氏とは長いつきあいになるが、彼から何度も招待を受けたのに、遠路のあまりそれに応えることができなかった。2013年の暮れになって、南極フォーラムの南極探検ツアーに参加することになり、その折、空路ペルーに立ち寄って彼に会えたのだった。
　ペルーに来て初めて気が付いたのは、ここは、インカ文明とマチュピチュだけなどという、そんな簡単な国ではないということだった。ペルーは、その五千有余年の歴史によって、南アメリカ最古の文明を擁する国とされている。また最近20年ほどの考古学上の発見と考証によって、古代エジプト、古代インド、バビロン、中国に並ぶ世界五大文明国の一つに数えられるようになった。意外なことだが、よく知られているインカ文明などは、ペルー五千有余年の文明史の中ではごく新しい、最近のものに過ぎないのだ！

恐るべき場所

　ペルー国内には至るところに遺跡や旧跡がある。この国を訪れてみて、たちまちこれらの古代文明に引きつけられてしまった。初めてのペルー旅行を終えて、まだ物足りなく感じた私は、この年の後半に再度ペルーに行き、前後合わせて15日を費やし、いにしえの大地にその神秘を探訪したのだった。

　私の旅は、首都リマを起点に、放射状に移動して、この古代文明の国を周回する計画だ。だがそのリマに来る前、私は少なからぬ悪い情報に接していた——この町はこそ泥がうようよいるとか、治安はめちゃくちゃだ、とか。米国の詩人ハーマン・メルヴィル（Herman Melville）はその最も有名な作品『白鯨』の中で、リマは世界で「最も奇異な、最も悲惨な町（the strangest, saddest city thou can't see）」だと述べている。ご当地ペルーの文学者サラサール・ボンディ（Sebastian Salazar Bondy）でさえ、ここは「恐るべき場所（Lima the horrible）」だと言っている。

　こういった情報がおのずと私の心に影響し、リマの空港を出たとたん、思いがけず気持ちが張り詰めた。荷物から目を離さず、近くで何か異常な動きはないかどうか、それとなく気を配った。だがそんな緊張感はなく、私はすぐに落ち着いた。見たところ、外には何も変わった様子はなさそうで、目に入ったのは、出迎えの人の群れと、商売の糧を争う旅行会社の従業員ぐらいだった。その後十日余りの旅行の間、リマに限らずどこの町も治安はよく秩序が保たれていたし、ましてやこそ泥や強盗に出くわすことなど全くなかった。この古い国に対して抱いていたイメージは完全にひっくり返され、ただただ良い印象だけが残った。

人口の11％が中国人

　旧友周健和氏のオフィスはリマにある。到着後、まずは現地の経済環境について話を聞くため、表敬訪問することにした。周氏は、ここペルーでよく知られる鉱業会社を経営している。彼によれば、近年中国からの投資は百億米ドルを超え、その多くが鉱業とインフラに集中していて、この国全体の経済に大きな影響力を及ぼしているという。また全国の人口のうち、中国人移住者の占める割合は11％に達しているそうだ。

　リマは、他の南米諸国の首都と同様、新興地区と旧市街に分かれている。新興地区は基本的に商業エリアになっている。周氏の案内により、サン・イシドロ地区（San Isidro）でこの土地ならではのシーフードの昼食を味わった。店の近くには南欧コロニアル風の古い建物がある。今では、カントリークラブ・リマホテル（Country Club Lima Hotel）という星付きホテルになっていて、この町で最も良いホテルという評判だ。今度グループで来ることがあればここが一番の選択肢だと、周氏は教えてくれた。

　新興地区には並木道のほか様々なスタイルの低層建築物もあって、静かで美しい。ここは富裕層の豪邸エリアだ。近くにある商業エリアは、どの商業都市ともさして変わるところはない。10階、15階建てといった高層ビルは官庁やショッピングセンター、オフィスビルなどだ。

　旧市街には一本の歩行者専用道路がある。長さにして300メートルほどで、その端には中国風の門が立ち、上に「天下為公（天下をもって公と為す）」と記されている。実はこの一帯には中国人が経営するレストラン、喫茶店、食品雑貨店などが集まっていて、リマのみならず南米で最も有名な中華街だそうだ。私は通りのあちらこちらにある「CHIFA（チーファ）」の看板が気になった。実はこれは、中国語「喫飯」（訳注：中国語「喫飯」はチーファンと発音し、ご飯を食べる、食事する、の意味。）の音に由来する文字で、中華料理店の代名詞になっているそうだ。華人がペルーの人々に深く受け入れられていること、ペルーの食においても大きな影響を与えていることを示すものだろう。

リマで一番と評されるカントリークラブ・リマホテル（Country Club Lima Hotel）

左／リマの中華街に立つ中国風の門　右／中華街の雑踏

Perú ［ペルー］ | 63

「華工」の血涙の歴史

　ペルー中華通恵総局（訳注：在ペルー華僑の団体。1886年、時の清国在ペルー公使が創設者となって正式に設立された。）の蕭孝権主席の招きを受け、中華街にある3階建ての総局オフィスを視察した。ホールには、120年以上も昔、清の光緒帝から賜った「覆幬無私」の額が掛けられ、ペルーへの華人移住の歴史の長さを物語っている。オフィスの一隅には周恩来総理の手による書「為争取民族解放而戦、為保衛世界和平而戦」（訳注：民族解放を獲得するために戦い、世界平和を守るために戦う、の意味。）と「有力出力、有銭出銭、把一切献給祖国」（訳注：力のある者は力を、金のある者は金を出して、一切を祖国に捧げよう、の意味。）の複製が飾られている。抗日戦争の時、ペルー在住の華僑は、祖国を愛する世界中の同胞と共に、抗日救国の呼びかけに応じて軍資金を拠出したのだと、蕭主席は語った。当時、この募金活動のために、周総理をはじめとする重慶政府（訳注：日中戦争時、南京にあった中国国民党政府が、重慶に遷都していた時期の呼称。）首脳陣の何人かが筆を執り、華僑出資者に書画を贈呈したのだそうだ。今この華僑組織では、これらの貴重な書画を記念のために収集保存している。

　中華通恵総局は、当初から「通商恵工、服務僑胞（スムーズな取引によって商工業者に資し、華僑同胞に奉仕する、の意味。）を旨として中国・ペルー両国関係の発展のために尽力し、この土地で中国語新聞を発行し、孔子学院を開設するなどして、中華文化を振興してきた。今日では、南米で相当高い社会的地位と影響力を持つまでになっている。しかし先人たちは、300年以上も昔はるばる海を渡ってこの地に辿り着き、開墾し、採掘し、道を築き、商売を営んだ。彼らが辿ってきたのは、中国からの移民労働者「華工」（訳注：日本語でいわゆる「苦力（クーリー）」と呼ばれる人々に相当する。）たちの血と涙に満ちた、辛く苦しい道だったに違いない！

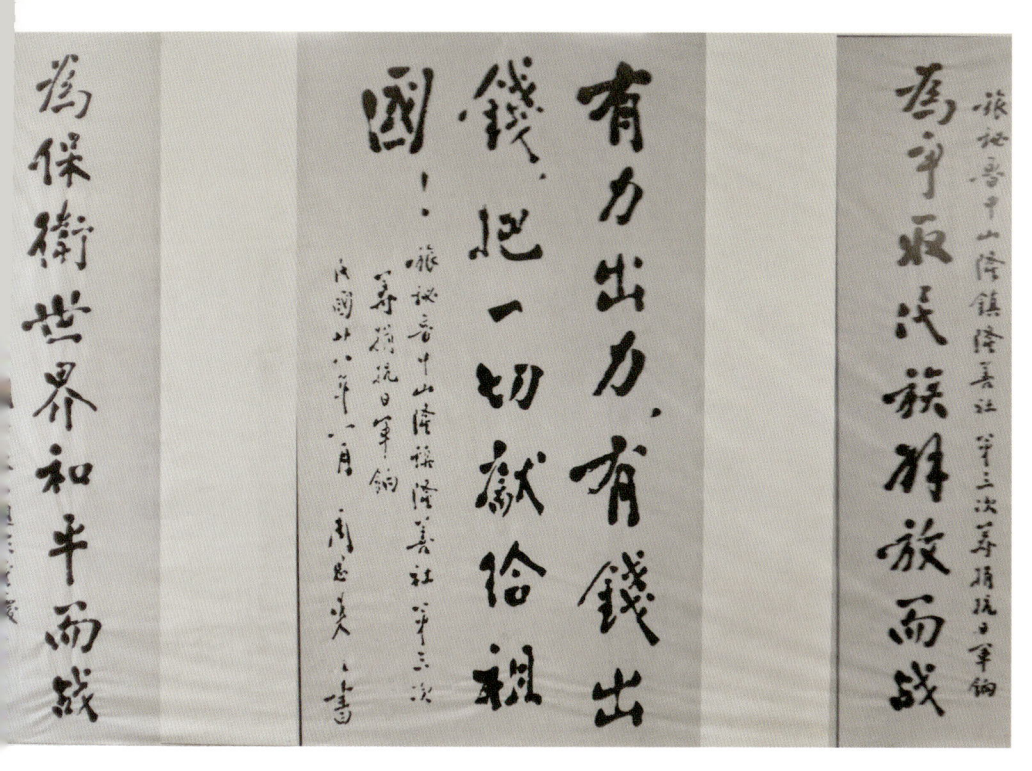

周恩来の書

左／中華通恵総局　右／ホールには光緒帝から賜った「覆幬無私」。120余年もの歴史を持つ

セントロ散歩

　中華街を出て、今度は大きな石が敷かれた狭い歩道を進んで行くと、旧市街・セントロ地区のアルマス広場、現在はマヨール広場（Plaza Mayor）と呼ばれる場所に出る。この広場はセントロ地区の中心と言えるだろう。広場から十数本の道が四方に延び、町並みは碁盤の目のようになっている。

アルマス広場周辺

　セントロは、最初、スペインの征服者フランシスコ・ピサロ（Pizarro）によって建設され、1535年以降、南米におけるスペイン帝国総督の駐在地となった。また重要な行政、文化、宗教の中心地でもある。この有名な400有余年の古都には、今もスペイン様式の大きな広場が残っている。

　もともと広場には、この地を見出してリマを建設した功績を記念して、ピサロの騎馬像が置かれていた。しかしその銅像は、他の南米諸国と同様、インディヘナの反対運動によって別の場所へ移転させられ、その後1998年ごろには撤去させられてしまった。

　この日、広場中央にある青銅の噴水の近くには多くの市民が集まっていた。ギターやマンドリンといった楽器を手に、ピシッとした制服姿の楽団員たちが、そこでラテンアメリカ音楽を演奏し始めたからだ。周りの人々も音楽に合わせて歌ったり踊ったりしだした。思いがけない街頭コンサートに人々は大喜びだ。

　広場を囲むのは、典型的なバロック様式、ゴシック様式、ロマネスク様式の建築物——大司教宮殿、カテドラル、大統領府（Palacio de Gobierno）

上／広場から十数本の道が四方に延びる　下／広場で歌ったり踊ったり

Perú［ペルー］| 67

厳粛な大統領府

で、そのほかは外壁がスペイン風のオークル色に塗られた背の低い建物が多く、また鮮やかな色で彩られた建物もいくつかある。

　二、三階建ての建物の一部は、階下が商店になっているが、二階外壁から突き出た木製バルコニーがとりわけ目立つ。このようなバルコニーはスペイン植民地時代の建築様式で、彫刻のデザインが非常に美しく、中国式出窓によく似たものも見られる。

　中でもトーレ・タグレ宮殿（Palacio Torre Tagle）の優美な彫刻には特に目が吸いを奪われる。現在は外務省となっているこの建物は、正面だけでなく、正門を入った内側も伝統的な味わいをとどめていて、じっくり鑑賞する価値がある。

　1970年、ペルーで大地震が発生し、セントロ地区も壊滅的な被害を受けた。かつての美しさと賑わいを取り戻そうと、リマ市は市民に資金提供を呼びか

けて復興を進め、この「バルコニーの都」ができあがった。1988年、セントロ地区は世界文化遺産に登録され、リマの主要観光スポットとなっている。

ペルー版「最後の晩餐」

　セントロを代表する場所と言えば、サン・フランシスコ修道院（Monasterio de San Francisco）をおいて他にない。修道院も1970年の震災で損壊したが、今では修復も済み、再び公開されている。

　修道院はスペイン風バロック様式の建築物だが、回廊の一部にはムーア様式が取り入れられ、イスラム文様の色彩で装飾されている。内部の装飾も非常に華麗だ。

　中でもとりわけ価値があるのは、キリスト、聖母、ヤコブと12人の子供たちの油絵など、修道院が所蔵する美術品だ。またペルー版「最後の晩餐」も見逃せない。キリストと使徒の食卓に並ぶのは南米の伝統料理で、中にはクイ（cuy）、すなわちモルモット（テンジクネズミ）もある。後日、ティティカカ湖（Lago Titicaca）を遊覧してフリアカ（Ju-

市庁舎はスペイン風のオークル色

トーレ・タグレ宮殿（Palacio Torre Tagle）
バルコニーの優美な彫刻

木製バルコニーが目を引く

Perú［ペルー］| 69

サン・フランシスコ修道院

左／修道院内の祭壇　右／テンジクネズミの丸焼き

　liaca）の町に戻った時、そこのレストランでテンジクネズミの丸焼きを食べたが、なかなかの美味だった！

　また図書館には２万５千冊の古い書物がある。中でも６千点余りの羊皮紙本は、図書館の宝とも言える貴重な資料だ。

　修道院にはもう一つ有名な場所がある。それは地下墓地のカタコンベだ。ここにはかつて長い間修道士の遺骨が埋葬されてきた。数え切れない頭蓋骨が放射状に並べられている。正直なところ、そのありさまにはぞっとさせられた。

　さて、リマには多くの博物館がある。世界的に有名なのが、国立考古学人類学歴史学博物館（Museo Nacional de Arqueología, Antropología e Historia del Perú）、ペルー歴史博物館（Museo de la Nación）、ラファエル・ラルコ・エレーラ博物館（Museo Larco）の三カ所だ。しかし私が見学先として選んだのは、これらではなくて、黄金博物館（Museo Oro del Peru）だった。

　黄金博物館は私設博物館で、長い年月を経た金製品、銀製品だけではなく、ミイラや服飾、陶器もあり、16世紀以降の様々な兵器、刀、銃も沢山収蔵している。中には初期の中国解放軍の軍帽もあって、まさに「武芸十八般」なんでもござれだ。個人がこれほど多様な資料を集めることは、そうたやすいことではない。

ちょうど食事時ですっかり空腹になった私は、ドライバーの勧めで太平洋を目の前にした海辺のレストランに行った。料理はシーフードで、私にはいまひとつぱっとしなかったのだが、図らずもここで、ペルーの民族舞踊と歌を楽しむことができた。

水兵の踊りとハサミ踊り

　出し物の一つに、ペルーの国民的な舞踊である「水兵の踊り」ことマリネラ（Marinera）があった。チリとの戦争（訳注：19世紀末にペルーとボリビアが連合してチリと戦った「太平洋戦争」を指す。ペルー海軍が大活躍したが、最終的にチリが勝利した。）における海軍にちなんで名付けられた、男女ひと組の踊りだ。踊り手の衣裳はとても凝ったもので、男性は白シャツ、スーツ姿に、麻のマントをはおり、頭には帽子を載せている。女性の方も豪華で、腕のいい職人が縫った白いスカートを身にまとっている。男性は革靴を履いているが、女性は裸足だ。両人それぞれハンカチを手にしていて、これがマリネラの「標準装備」だそうだ。速いテンポの情熱溢れる音楽をバックに、広いスカートの裾とマントが、踊り手の動きに合わせて舞い、翻る。スペインのフラメンコとアルゼンチンタンゴをミックスしたもののように感じられた。

　シエラ（山岳地帯）の先住民に伝わるハサミ踊りは実に新鮮だった。踊り手は色鮮やかな民族衣装を身にまとい、二つの鉄片を、まるでとどめ具で刃を留めていない一丁のハサミのようにして右手に握る。そして抑揚のあるハープの音楽に合わせて、舞台の上を転がり、跳び、倒立したり旋回したりしながら、ハサミを開いたり閉じたりして澄んだ音を響かせる。

　後でガイドから聞いて知ったことだが、これはペルー独特の民族舞踊で、アンデス地方の代表的な舞踊だそうだ。ハサミ踊りはペルーの国家文化遺産の一つとなっていて、公的な文化活動や重要なセレモニーでは必ず披露されるという。

上／マリネラ　下／インディヘナ伝統のハサミ踊り

プレ・インカの創造神

　リマ市内の小山の上に無名戦士の碑がある。そびえ立つ碑の前にテラスがあって、ここから独特な地形を持つこの都市を見渡すことができた。市内は起伏があり、多くの商業ビルや住宅街は海辺の崖や丘の上に建てられている。

無名戦士の碑

碑からほど近い所に、両腕を広げて立つ太平洋のキリスト像（Christ of the Pacific）がある。有名なブラジル・リオデジャネイロのキリスト像にとてもよく似ているため、ずいぶん物議を醸したこともあるらしい。
　この日、町の上空には雲が低く垂れこめ、ひどくどんよりとして、視界は良くなかった。しかしその厚い雲でも、前方に見える太平洋の延々と何キロも続く海岸線や、海岸大通りまで覆い隠すことはできなかった。

インカ帝国よりも古いパチャカマ遺跡

　高台から遠望した後は、市の中心部から約30キロメートル離れたルリン河

太平洋のキリスト像

大量の日干し煉瓦と版築で築かれている

　谷へ。黄色い砂漠が広がる中、大量の日干し煉瓦と版築で築かれた建造物群からなるパチャカマの神殿遺跡（Pachacamac）がある。中でも最も高い建造物が太陽の神殿（Temple of the Sun）で、反対側には月の神殿（Temple of the Moon）がある。

　この遺跡はインカ帝国よりもずっと古いもので、その興りは紀元前200年まで遡ることができるといい、ペルーの古代文明史において重要な位置を占めている。プレ・インカ時代の人々はパチャカマを絶対的な力を持つ「創造神」とし、地震の神としてもあがめた。建造物の大半は紀元800年から1450年の間に築かれ、インカ帝国が侵略された後もなお、ここは行政と宗教の中心地としての地位を保った。ペルー中部海岸で最も有名な神殿であり、とりわけ15世紀以後、侵攻したスペイン人によって破壊される1533年まで、その隆盛を誇った。

　遺跡面積は400ヘクタール余り。その入口の所に小さな博物館があって、ここで遺跡の歴史について簡単に知る

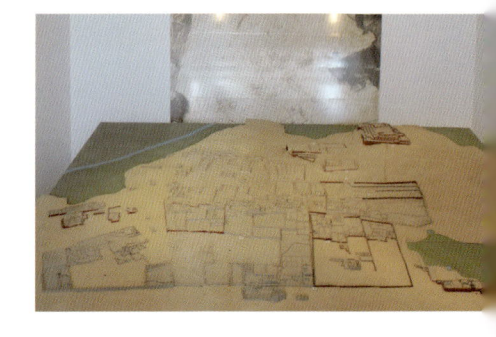

博物館にある遺跡の模型

修復された遺跡

ことができ、発掘された陶器を鑑賞することもできる。

　跡の巨大建造物の基礎部分は石を敷き詰めて築かれていて、彩色文様が見られる。2007年の震災でその一部が損壊したが、もう修復されている。設けられた通路を順に回り、この古い遺跡を見学した。

　入口をまっすぐ行った所にある宮殿はマーマクーナ／アクリャワシ（Mamacona／Acllawasi）、また月の神殿とも呼ばれていて、縦横に入り組む迷宮にも似ている。インカ帝国の時代、貴族や上流家庭出身の容姿端麗な少女を選び集めて、宮殿内で様々な技芸の訓練を受けさせた。成長すると、特に美しい少女は后妃に選ばれ、顔立ちのやや劣る者は女官や宮廷内の教師となった。

　さらに宮殿、神殿、ピラミッド、墓地など様々な役割を持つ建造物が10余りある。ここにはよく計画された貯水池や用水路もあった。

　最後に6層の基壇を持つ太陽の神殿に登った。神殿には天文台があって、祭祀儀礼を司る者たちがここで日照を観察し暦を作った。私が訪れた時、ちょうど考古学の学生たちが調査を行っていて、彼らと話をすることができた。

　遺跡は今でも発掘中だ。考古学者たちは、古代文明の研究にさらに多くの資料がもたらされることを期待し、神殿の姿を復元しようと努力している。

Perú［ペルー］｜77

左／月の神殿　右／太陽の神殿

　神殿遺跡の周辺には雑然とした建物が見られる。ガイドによると、それらは掘っ立て小屋で、一帯はリマのスラムになっているそうだ。小屋は見た目にも粗末で崩れかけている。木の棒を四本立ててアシで編んだむしろで囲い、天井にはチガヤを乗せただけのものもあるそうだ。以前ベネズエラのカラカスで見たスラムとほとんど同じだ。これは、いわゆる「ラテンアメリカ化」（訳注：ラテンアメリカにおいて、ネオリベラリズム主導で経済成長を目指した経済改革が進められた結果、却って社会・経済状況が悪化、所期の成果を達成できなかった状況をいう。）による貧富の格差というものの、現実社会におけるひとつの現れなのだろう。

リマ文化のピラミッド

　それからまたセントロ地区に戻り、ワカ・プクヤーナ（Huaca Pucllana）のピラミッド型遺跡を訪れた。見学したのは、ペルー文部省が7年前に巨額の資金を投じて修復した部分だ。

　ピラミッドそのものは、日干し煉瓦を積み重ねて築かれていて、見たところ黄色い土の砦のようだ。このうち七つの小型ピラミッドは祭祀が行われた場所だ。今まで古代エジプトのピラミッドしか聞き及んでいなかったが、なんと南米にもピラミッドはあったのだ。このピラミッドはインカ文明よりもずっと早いリマ文化（Lima Culture）のものだ。

　観光客に古代人の生活を知ってもらおうと、ここでは陶器作りの過程を人形や模型で紹介したり、また多様な植物を栽培したり、アルパカやキジなど

ワカ・プクヤーナのピラミッド

　の動物を飼育したりして、大昔の村落の様子を再現している。祭祀儀式の再現展示もあったが、私の目には、その人形の姿形や衣裳はインディヘナではなく、どうも遠く離れた中東やアジアの人々に似ているように見えた。
　政府が行ったワカ・プクヤーナ遺跡の修復によって、周辺地域には少なからぬ恩恵がもたらされたという。2007年に比べると、遺跡を取り巻く一帯の地価は1平方メートル当たり150％はね上がったほか、地域の環境衛生が改善され、治安も良くなったという。遺跡の保存修復が地域の価値を押し上げる要因になろうとは、政府も予想すらしなかっただろう。

左／祭祀儀式の再現展示　右／陶器作りの様子を再現

Perú ［ペルー］ | 79

アマゾン熱帯雨林の村に突撃

　この日は荷物をリマのホテルに預け、軽装でペルー北部に向けて出発した。
　アマゾン川沿いにイキトス（Iguitos）という小都市がある。ここに至る交通手段はフェリーか国内線飛行機か、どちらかに頼るしかない。今のところ鉄道や自動車道路といった陸路は通じていないので、この都市はほぼ外界から遮断されている。いわばアマゾン川流域の「陸の孤島」だ。
　私がアマゾン熱帯雨林探検の入口としてイキトスを選んだには理由がある。ペルーでは観光業がオープンになったばかりで、太古からの生態系がよく残されている。それに、ブラジルほどの商売っ気がないからだ。また地理的に言えば、アマゾン川源流域のほぼ半分がペルー側にある。だいたいアマゾン川観光と言えば、誰もがまずブラジルを思い浮かべる。早くから観光地化され、宣伝もしていて、ペルーよりもずっと有名だからだ。
　ミス・ヴィッキーはブラジル旅行の時に知り合ったガイドで、馬が合った。今回のペルー旅行は決して彼女の「営業範囲」内ではないけれど、特にお願いして同行してもらった。周りはスペイン語だらけで言葉が通じない状態だが、これで大いに安心だ。
　私たちは奇峰そびえ立つアンデスを飛び越えて、アマゾン川流域のジャングル地帯に着いた。上空から下を眺めると、緑のジャングルがどこまでも続き、その中を一本の白い川がまるで巨大なヘビがうねるように流れている。あれが世界第二位の長さ、世界最大の流量、世界最大の流域面積を持つアマゾン川だ！
　途切れることのない川の流れは、ペルーのアレキパから始まり、ブラジルを経て、大西洋に至る。河川を取り囲む熱帯雨林は、世界のジャングル面積

モトタクシーは町の主要交通機関

の三分の一を占める。私たちが探検しようとしている場所は、あの美しいS字型の部分に当たる。

「陸の孤島」で現地の探検ガイドと合流すると、ここの主要交通機関——モトタクシー（バイクタクシー）に乗り込み、シュロの並木道を市の中心地アルマス広場へと急いだ。

車内から眺めると、高い建物など言うに及ばず、町のどこにも商売っ気というものが感じられない。まるで田舎の風景だ。実際、ここは元々先住民の住む漁村だったのだが、18世紀に欧州から宣教師がやって来て港を造ったことでやっと町の形をとり始めたのだった。後にゴム産業が興り、また石油が見つかって、今日の規模にまで発展してきた。

この小都市の中心部にはアマゾン川と平行に走る大通りが三本あり、ほかに縦横に走る道がある。私たちが泊まるホテルは市の中心地アルマス広場にあった。広場の名はペルーの他の都市と同名で、同じくスペインのコロニアルスタイルだ。荷物を置くと、早速モトタクシーでアマゾン川の熱帯雨林を目指して飛び出した。

Perú [ペルー] | 81

ベレン市場の珍奇な品々

　予定していたスケジュールは、まず川岸の港へ行ってスピードボートに乗り、流れに従ってジャングル地帯まで行って探検する、というものだった。11、12月は雨季に当たる。ガイドによると、連日の大雨が止んだばかりだそうだ。川が氾濫して港も陸も水に浸かり、あちこちぬかるんでいるので、転んで怪我をしないようよく気をつけて、と注意される。

　港の前にあるのがベレン市場（Mercado Belen）だ。市場が一番賑やかな朝の時間はとっくに過ぎていて、人通りもまばらだったが、店先には色とりどりの珍妙な品々がいっぱい並び、見応え十分、思わず歩みを緩めてじっくりと見入ってしまった。色鮮やかな果物、鋭い歯を持つ川魚、まだ動いている大きくて白っぽいサナギ、腹を割かれたミズヘビ、それから名前も分からない昆虫や動物──何でもある。もしかすると、絶滅危惧種などもあるのかもしれない。だがここでは、どれもこれも料理になる食材だ。沢山の珍しく奇抜なものを目の前にして、私はディスカバリーチャンネルのカメラマンよろしく、興味津々でシャッターを切り続けた。

　店のあるじは、漬物にしたり焼いたりと、その場で調理もしてくれるが、都会暮らしの私たちには初めてのことで、試してみる勇気など持ち合わせない。見ているだけで思わず身震いしてしまう。

　市場の先がベレンの高床式住居地区だ。川岸に木の柱で支えられた木造の小屋が建てられている。床下には何もなくて、人は上に住む。川が氾濫した時の危険を避けるためだ。

まだ動いている白く太ったサナギ

上／鋭い歯をした川魚とそれを料理したもの　下／ベレンの高床式住居

チガヤで天井を覆った木造ボート

探検ボートで熱帯雨林の奥深くへ

　川岸の泥の上を歩き、木の板の桟橋を渡って、チガヤ（イネ科の多年草）を載せて天井代わりにした木造ボートに乗り移った。中はまあまあ広くて一度に数人は乗れる。とはいえ今回の乗客は、私たちとガイドの三人だけ。ボートはゆるゆると船着き場を離れた。連日の大雨で川の水は濁り、大きな枯れ木も漂っている。枯れ木にぶつかって事故にならないよう、舵取りは右へ左へと機敏に舟を操る。

　十分余り進んだ頃、突然、ガイドが慌てたように私たちを呼んだ。その指さす方を見ると、不思議な光景があった。川の水面上に一本の境界線があって、清流と濁流を分けている！

川の清濁を分ける境界線

広い川、その向こうは果てしない密林だ

　実は、アマゾンの二本の支流、イタヤ川（Rio Itaya）とナナイ川（Rio Nanay）はそれぞれの温度、比重、pHが異なるので、両者が合流する時には水色の違いが見られる。こうして川の合流点では自然に一本の「境界線」ができる。この自然地理学的現象について本で読んだことはあったが、この目で見られるとは思いもよらなかった。本当に驚いた！
　この日は川を往来する船は少なかったが、軍の巡視艇をよく見かけた。それらは薬物売買や密輸などの犯罪者を捕まえるだけでなく、安心して観光できるよう水上の安全を守っているのだと、ガイドが教えてくれた。
　アマゾン川には黒雲が覆いかぶさり、時折ぱらつく小雨が川面にさざ波を立てている。
　私は南下していくエンジン付きボートの舳先に座り、川風を感じながら支度した。いよいよこの神秘的で野性的な熱帯雨林に初めて触れるのだ。

アマゾンの熱帯雨林へ入っていく

　私は2時間余りの空の旅を終えたばかりで疲れているのに、イキトスに着くなりひと休みもせず、すぐ探検に出発したのだった。いささかの疲労を感じていたが、しかし舳先から両岸のうっそうと生い茂る緑の森を眺めていると、その美しい風景のおかげで元気が出てきた。
　しばらくすると木造ボートはぬかるみに泊まった。慌てて足をとられてはいけない。湿地帯に降り、まず足下を安定させてから、ボートにしばしの別れを告げた。いよいよ「地球の肺」アマゾンの熱帯雨林に分け入るのだ。
　熱帯雨林の木々は空高くそびえ、つる草が複雑に絡む。その間を歩いて行くと、かなり蒸し暑く、しかも空気はじっとりとしていて、全身汗だらけになってくる。まるで蒸籠の中にいるようだ。辺りを見回すと、どこもかしこも緑が満ち溢れ、あちらこちらから虫や鳥の不思議な声が聞こえてくる。
　ガイドは先頭を歩き、人の背丈ほどもある草むらをかき分けて、私たちの通り道を作りながら、傍らを指さして珍しい熱帯雨林の草花を教えてくれる。時にはその手でクモやヤスデをつまみ上げて、ミス・ヴィッキーを真っ青にさせた。なぜガイドは毒のある虫を恐れないのか、何か毒よけの秘密でもあ

左／珍しい草花を教えてくれるガイド　右／ガイドがヤスデを捕まえた

るのだろうか。私はそれが知りたくなった。「昆虫は、昼の間は警戒心を緩め、防御態勢を取っていないのです。夜になれば、毒虫はまた悪者になるし、それに恋の季節や子育ての時期には、もっとやっかいです。必ず反撃してきますよ」。突然、草むらから名も知らぬ虫が飛んできた。よける暇もなく首を刺され、たちまち腫れ上がって痛みを覚えた。ありがたいことに、ガイドが薬草で傷をひとこすりすると、腫れも痛みもすぐに消え、その効き目の素晴らしさに感心させられた。

　幾多の苦難を乗り越えて、ついに私たちは熱帯雨林の奥にひっそりと立つロッジにたどり着いた。ここには簡素な設備の建物がいくつかあって、旅行者の宿となっている。この日の昼食はロッジで取ることになっていた。

　昼休みの合間に、ロッジの外にある池まで行ってみた。水面にはエメラルドグリーンの円盤がいくつも浮かんでいる。これが噂の「オオオニバス」(Giant waterlilyまたはVictoria amazonica)だ。その直径は小さいもので1メートル、大きいものは3メートルにもなり、かなりの見ものだ。花の咲くタイミングは過ぎていて、円盤だけが残っていた。

Perú［ペルー］| 87

左上／熱帯雨林の中のロッジ　左下／オオオニバス　右上／恐ろしげなピラニア　右下／先を争うワニ

　オオオニバスの池のそばには養殖池がいくつかあった。池の中にいたのは、その名を聞くだけでも恐ろしい「食人魚」ピラニア（piranha）。人間のにおいをかぎつけたのか、20数センチほどの赤い体をうねらせ、鋭い歯が並ぶ大きな口を開けて、勢いよく私たちの方へ押し寄せる。
　後ろを振り返ると、そこにいたワニも、われ先にとこちらへ近づいてくる。彼らには私たちがエサを与える飼育員に見えたのだろうか。それとも、おいしそうなご馳走か。

先住民の歓迎を受ける

　簡単な昼食を済ませると、ガイドは私たちを連れて、熱帯雨林のさらに奥へと進んでいった。ヤグア族の村で、10数人の先住民に出会った。老若男女いずれも上半身裸で、男性は下半身に腰みのをつけ、女性は赤い布製のスカートをはいている。私たち二人が来たのを見て、みんなワーッと近づいてきた。

ヤグア族の村で会った先住民

　私たちのために歓迎の儀式が行われた。まず昔からの方法でベニノキ(Urucu)の実を搾って赤い液体を取り、それを私の頬や額に塗ってくれる。正直なところ、塗ってほしくなかったのだが、言葉は通じないし、無理やり塗られてしまったのだ。さらに羽冠を被ってみると、いや、なかなかの族長ぶりだ。
　それから先住民たちは輪になって、楽器を鳴らし、踊り始めた。続いて彼らの妙技——吹き矢を披露してくれた。射手は、長さ3、4メートルもの竹筒を手にすると、そこに尖った竹の矢を込め、遠くの的を目がけて吹く。と、矢は一直線に飛んで的に命中した。私たちは大きな拍手を送った。
　ガイドの話では、彼らの生活は観光客の来訪に依存しているのだという。チップを受け取ったり、また彼らの手作りの

筆者の歓迎儀式がとり行われた

Perú［ペルー］ | 89

工芸品を売ったりするほか、ある者は近くの森のロッジで従業員として働いているという。彼らは昔ながらの住居も持ってはいるが、地元政府が彼らのために小屋を用意し、また子供の教育のために教師も派遣しているので、基本的にはもう、原始的な村の生活を送っているわけではないそうだ。

しかしアマゾン熱帯雨林には今も千を超える村落があり、中には今でも原始人同様の生活を続け、焼き畑農業を行い、あるいは狩猟生活をして、自分たち本来の生活様式で暮らしている所もある。何年か前には「人食い人種」が発見されたという話も耳にしたことがある。

熱帯雨林の生きもの

アマゾン熱帯雨林には数十万種の植物が生育し、数千種類の魚類、鳥類や、数百万種もの昆虫が生息する。熱帯雨林にいるアカホエザル (red howler monkey) や、俗にオオハシと呼ばれるキハシオオハシ (yellow-ridged tou-

コンゴウインコ

左／熱帯雨林のアカホエザル　右／草の上をはうオオアナコンダ

　can)、コンゴウインコ（scarlet macaw）などを追いかけるため、私たちはカヌーで急流を渡った。ミス・ヴィッキーなどは、草の上をはっていたオオアナコンダ（anaconda）にうっかりけつまずいて、転んでしまった。それと気が付いた瞬間、彼女は驚きのあまり半死半生のありさまだった。
　帰路のことも忘れ、太陽が西に沈む頃まで、私たちは森の中でサルや鳥たちと楽しく戯れた。赤い夕日を浴びながらようやくボートに乗り込むと、ベレン地区の港へと引き返したのだった。こうして驚きに満ちた熱帯雨林探検の一日が、無事に終わった。

キハシオオハシ

イキトス早歩き

　熱帯雨林の観光を終えてイキトス市内に戻って来た私たちは、静かな一夜を過ごした。翌日の早朝から薄霧の中、市内を大急ぎで見て回ることにした。
　ホテルの玄関先、アルマス広場から始めよう。広場は小さくて、500平方メートルもない。中央には、1879年から1884年まで繰り広げられた太平洋戦争（The War of the Pacific）を記念するオベリスクが建っている。硝石戦争とも呼ばれるこの戦いは、硝石の採掘権をめぐってペルーとボリビアが

早朝のイキトス市

連合してチリと戦ったもので、結局チリの勝利に終わったのだった。

　広場はこの小都市の最も賑やかな場所だろう。毎年のカーニバルはここで開催される。広場の周りは教会、銀行、商店、レストランなどだが、この町唯一の高級ホテル、エル・ドラード・プラザホテル（El Dorado Plaza）を除けば、ほとんどが二階建てだ。外壁にインディヘナの物語が描かれている建物や、模様タイルが貼られて一種独特な南欧スペイン風の雰囲気を醸し出している建物もある。

　沢山ある建物のうち、ガイドが教えてくれた「鉄の家（Iron House）」は、一目でそれと分かった。これは町で最も有名なランドマークで、柱から壁に至るまで全て鉄でできている。パリ・エッフェル塔の設計者ギュスターヴ・エッフェル（Gustave Eiffel）の作品で、元はパリに建てられたが、1890年に取り壊され、その後ここまで運ばれて組み立てられた。今日では商店やレストランなどになっている。しかし外側を見るだけでは、普通の家と変わるところはなく、そのユニークさはわからない。もしもガイドが教えてくれなければ、これが名建築家の手によるものだとは信じられないだろう。

　さっさと鉄の家を通り過ぎて、朝日が昇る東へ、川岸の大通りへと向かう。通りの先は湿地帯で、空の薄墨色が水辺に建つ高床式の家々をボーッと染めている。川の上を木のいかだが滑って行く。水面にさざ波が立ち、ゆらゆらと揺らぐ。眺めていると、ふと自分が煙雨に霞む江南の地（訳注：中国の江南地方。長江以南を意味するが、現在では下流域の江蘇省、安徽省、江西省南部一帯を言う。）にいるかのような錯覚に陥った。

アルマス広場と記念碑

Perú［ペルー］| 93

上／壁に描かれたインディヘナの物語　下／ここは煙雨に霞む江南の地か

左／「トビウオ」。アマゾン川独特の珍しい品種　右／賑やかな市場に人々の活気が感じられる

　湿地帯の向こう、さらに遠くにあるのが、緑の草木が生い茂り、世界から切り離されたアマゾン平原だ。アマゾン盆地（Amazon Basin）とも呼ばれるそこは、ペルー最大の自然保護区。数多くの野生動物、鳥類、昆虫が住み、至るところに危険が潜む、原生林探検には最高の楽園だ。しかしながら、「あちらは若い冒険家向きですね。あなたのようなご年配の方の行く所ではありません」とガイドは言う。そうと知っていれば、10年前に来るべきだった！

　私たちが拾ったモトタクシーは市内を縦横に走り抜け、この町最大の市場で停車した。ガイドに付いて市場の路地を歩く。そこで売られているものは乾物で、ほとんど全てが「Made in China」。あまり興味がないので、すぐに魚や肉のコーナーへ方向転換した。店先にはめったに見られない多種多様な魚が並んでいる。ピラニアだってある。中にはその場で調理してくれる店もあった。買ってすぐ食べられるからとても便利だ。私が箱から取り上げてみたのは翼のある「トビウオ」で、アマゾン川特有の珍しい品種だ。肉市場も、サル、ワニ、ウミガメ、オオハシと種類があまりにも豊富で、全部を見て回ることなどできない。

野菜や果物の市場もまた多彩な植物であふれている。ここには水稲もある。この土地では、稲作の方法もずいぶん違っていて、川の水が減ってくる頃に川のそばの浅瀬に直接種をまく。水が引いて地面が現れると、稲は自然に芽を出して生長するのだ。

　川魚、肉類、野菜や果物のほとんどが、アマゾンの熱帯雨林からもたらされる。「山に靠れば山を喫し、水に靠れば水を喫する」——山に近い者は山に糧を求め、水辺の者は水を頼りに暮らしを立てる、そんな古いことわざ通りだ。

　イキトスの人口はおよそ20万人。大部分が貧困ライン以下にあり、相当数の人々が岸辺または川の中の高床式住居に暮らしている。この地域の生活環境は悪劣だ。川の近くにはごみの山があちこちに見られ、子供たちは汚れた川で泳ぎ、遊ぶ。そんな環境に甘んじている様子に、彼らの健康を心配せずにはいられなかった。

　とはいえ、政府も次の世代の教育を相当重視していて、学齢期の子供に手当を支給しているそうだ。高床式の小屋が建ち並ぶ地区で、ちょうど学校帰りの二人連れに出会った。白いこざっぱりした制服を着ていて、楽天的で純真なのだろう、物おじせず楽しそうに私の相手をしてくれた。

　さて、イキトス観光で残すはあと二カ所。動物と鳥類の保護区だ。

左／アマゾンの巨大なカメ　右／おとなしいナマズ

この二つの保護区では、アマゾンの巨大なカメ、おとなしいナマズ、ジャングルに潜むオオトカゲ、それから凶暴そうなオオカミ、どう猛なジャガーやハゲワシなどなど、多くの珍しい動物を見ることができた。

　さらに、ここでは「イワヒバ（Selaginellae）」という、「歩く」木も見た。水が足りなくなると、自分で根を引っ込めて土から離れ、風に乗って移動する。水のある所にたどり着いたら、体を広げてまた根を土の中に伸ばす。なんて風変わりでおもしろい植物だろう。大自然は本当に不思議なことばかりだ！

　水族館ではアマゾン川流域の魚類が沢山飼育されていた。もちろん凶暴なピラニアもいて、その面構えをじっくりと拝見させてもらった。

　保護区の見学が終わり、アマゾン熱帯雨林突入の旅もこれで一段落だ。

　実はミス・ヴィッキーとリマに戻る道中、図らずもちょっとハプニングがあった。

　その日のフライトは、イキトスを離陸後小さな町を経由し、そこでしばし待機してから、改めてリマに向けて飛び立つことになっていた。しかし私たち二人は、搭乗券に記載された説明に気が付かず、経由地に到着すると、そこで降りる乗客たちにくっついて、慌てて飛行機を降りてしまった。幸いうまい具合に行く手を阻まれたからよかったものの、もう少しで名も知らぬ小さな町に滞在する羽目になり、後のスケジュールに支障が出るところだった。

左／ジャングルに潜むオオトカゲ　右／どう猛なジャガー

バジェスタス島の動物たち

　リマに戻ると、ホテルで数時間休んだだけで、翌朝4時、まだ暗いうちに出発した。砂漠にナスカの地上絵（Nazca Lines）の謎を探りに行くのだ。
　ナスカはリマから300キロメートル余り、往復には車で7時間以上かかる。安心安全なドライブになるようにと、ホテルはわざわざドライバーを二人手配し、しかも私には道中の弁当まで用意してくれた。とても気が利いている。
　四輪駆動車は、星空の下、世界一長いパンアメリカン・ハイウェイ（Carretera Panamericana）を南へとひた走る。まだ行き交う車は少なく、リマ

世界一長いパンアメリカン・ハイウェイの沿線風景

を抜けてからようやく空が白み始めた。太陽がゆっくりと昇りながら大地を黄金色に染めていく。窓の外は素晴らしい日の出の風景だ。

　村が、ブドウ畑が、綿花畑が、トウモロコシ畑が、後ろへ後ろへと飛び去って行く。私はいま一木一草とて生えない砂漠地帯へと向かっている。道の両側にはもう高層ビルは見えず、代わってマッチ箱のような簡素な小屋が、荒野にぽつんぽつんと散らばっている。

　道すがらいくつか観光スポットに立ち寄った。最初はピスコ（Pisco）だ。ここは2007年の大震災で甚大な被害を受けたが、その後数年にわたる復旧工事を経て、ようやく活気を取り戻した。今も引き続き都市建設が進められていて、近くにあるパラカス国立自然保護区は、「鳥の島」バジェスタス島と共に、今や観光リゾート地となっている。

二千年以上前の暗号

　太平洋に臨むパラカス（Paracas）。ペルーの独立戦争は、1820年9月、ここで火ぶたを切った。アルゼンチン出身の民族的英雄サンマルティン（San Martin）は艦隊を率いてパラカス半島に上陸、スペイン軍を打ち破った。この戦いを記念して、町には帆船をかたどったサンマルティン遠征記念碑が建っている。

　しかし一般観光客にとってもっと大切なのは、その先にある「鳥の島」という岩礁群で、パラカスはそこへの通過点に過ぎない。

　パラカスには、ピスコのリゾートホテル専用の船着き場がある。私は他の観光客と一緒にそこからスピードボートに乗り込んで、太平洋上にある目的地──「鳥の島」ことバジェスタス島（Islas Ballestas）へと向かった。

海岸でオオクラゲを発見

Perú［ペルー］| 99

カンデラブロ

　透き通った海の上を十分ほど航行したところで、船上ガイドが乗客に呼びかけた。「対岸の赤い色をした砂漠にご注目ください！」ガイドが指さす方を見ると、砂丘上にはっきりと大燭台「カンデラブロ（Candelabra）」の絵が見える。三叉槍の形をした燭台のようにも、サボテンのようにも見えるその地上絵は非常に巨大なもので、全長約190メートル、幅約70メートル。驚嘆せずにはいられない。
　考古学者はこの絵が二千年以上前に砂丘に描かれたものと推定している。しかし、いったい何を意味するものか、どのような役割があるのかについては、いまだ諸説紛々で結論は出ていない。古代パラカス人の雨乞い文化と関係あるらしい、というのが大方の見方だ。
　とはいうものの、この場所はいつも強風が吹き荒れる。長い年月、吹きさらしの中にあってなお、完全に絵が残っているというのは、どうも納得いかない。まったく大きな謎だ。

鳥たちの楽園

　印象深いカンデラブロを後にして、スピードボートはさらに大海原へと乗り出していく。やがて何一つない海の上に、三つの巨大な岩礁からなるバジェスタス島が、少しずつ私の視界に入ってきた。

　ボートがバジェスタス島に近づくと、私にははっきりと見えた。岩礁の上にびっしりと海鳥がいる。鳥が島全体を覆っている。その数は驚くべきものだ。ガイドの説明では、この鳥の楽園には160種以上の鳥類が生息し、ウ、アジサシ、カモメ、フラミンゴ、ペリカンなど600万羽を超える海鳥がいるという。思わず知らず、もしもこれらの海鳥が何かに驚いて一斉に飛び立ったら、と想像してしまった。大きく広げた羽で空は覆い尽くされ、太陽さえも覆い隠されるだろう。さぞスペクタクルな光景に違いない。

　それだけではなかった。岩の上いっぱいに鳥のふんが堆積していて、その悪臭が風に乗って私たちに襲いかかり窒息しそうだ。だがこれを単なる排泄物だと侮ってはいけない。前にペルーとボリビアがチリと戦った太平洋戦争の話をしたが、この戦いは硝石戦争と呼ばれ、また「鳥のふん」戦争とも呼ばれている。なぜなら鳥のふんの「主権」争いも戦争の原因の一つだったからだ。

　鳥のふん、正確にはグアノ（Guano）と呼ばれるものは、鳥のふんや死骸、エサの魚、卵の殻などが長時間（数千年〜数万年）退席して化石化したもので、実は非常に価値のある肥料だ。窒素、リン、カリウム、カルシウムほか様々な有機物を含み、上質な肥料として欧米諸国に輸出されている。またこのうち窒素とリンは、戦時には火薬製造の重要な原料になる。

鳥のふんは重要な資源

Perú ［ペルー］

海洋生物が共に生きる世界

左／フンボルトペンギン　右／アザラシ

左上／びっしりといるのは全て鳥　左下／近くから鳥とふれあう　右／ボートは自然のアーチや洞窟の間にも入っていく

　そういえば、リマを訪れた時にある華僑からこんな話を聞いた。百年も前、「華工」たちがペルーに移ってきた頃には命の危険を冒して海に出て、鳥のふんを取って生計を立てていたものだ、と。
　バジェスタス島は海鳥だけではなくアザラシ、アシカ、オットセイやフンボルトペンギン（Humboldt Penguin）も共存していて、海洋生物の世界を構築している。私たちを乗せたスピードボートは、島の周囲を回って鳥の群れの生態を観察させるだけでなく、島にある自然のアーチや洞窟の間にも入り込んで、鳥や動物の面白い仕草をたっぷりと見せてくれた。シャッターの音は途切れなかったが、しかし全てを漏らさずカメラに収めることなどできないのがなんとも恨めしかった。

ナスカ地上絵の上空を飛ぶ

　パラカス砂丘の巨大な「カンデラブロ」遺跡は、古代パラカス文化の非凡さを心底から感じ入らせた。

　ペルーに関する資料によると、古代パラカス文化は、おおよそ紀元前900年から紀元400年の間という、かなり早い時期に存在した。その後期には、特に織物の技術で見事な発展を遂げ、あでやかな色、多様なデザインの非常に繊細な織物が出土しているという。

誰の仕業なのか

　パラカス文化にやや遅れて興り、輝かしい発展を遂げ、そして非常に有名なのが、ナスカ文化だ。紀元前300年から紀元700年頃のことで、時代的にパラカス文化とやや重なる。ペルー南岸地域の文化が最も輝いていた時代と考えられ、それは特に陶器の焼成技術に現れている。出土品からうかがい知ることができるが、当時の陶器には、赤、黄色の地に、鳥や動物、草木、神や怪物をかたどった文様が描かれていて、その芸術性や文化の高さを現代人に伝えている。

　ナスカ地上絵の上空を飛んだ後、私はナスカの人々の驚くべき偉業にもっともっと敬服することになる。

　古代ナスカ文化を代表するものといえば、まず「ナスカの地上絵」だろう。1939年、ナスカ平原を軽飛行機で飛んでいた米国の人類学者ポール・コソック（Paul Kosok）は、地上に奇妙な何だかわからない巨大な線を発見した。彼は最初、たぶんプレ・インカ時代の灌漑施設だろうと思ったが、乾燥しきっ

て草も木も生えない砂漠地帯に灌漑施設などあろうはずもない。続いて「ハチドリ」が日の沈む方向へ飛ぶ線画を見つけ、この砂漠上の線は「世界最大の天文書 (the biggest astronomy book in the world)」ではないかと考えた。

その後、ドイツの女性数学者マリア・ライヒェ (Maria Rieche) の粘り強さのおかげで、砂漠の神秘が掘り起こされていった。1940年以来、彼女はポール・コソックの助手として地上絵の測量を行い、1946年からは、地上絵の長期的な調査研究に取り組むため、ナスカに居を構えた。来る日も来る日も、労をいとわずに地上絵に積もる砂を掃き清め、1998年にこの世を去るまでずっと地上絵を守り続けた。

ペルー政府は、彼女の生涯にわたる貢献を表彰するため特別に国葬を執り行い、また考古学研究の成果を記念し後に伝えるため、ナスカの住まいを博物館として公開している。彼女が記した『Mystery on the Dessert (砂漠の神秘)』は、ナスカ地上絵研究におけるバイブル的な書物となっている。

荒涼とした山を行く道路。わずかに農園の緑が見える

荒涼たる砂漠

　さて、パラカスのバジェスタス島に別れを告げると、四輪駆動車は、猛スピードで広大な砂漠の中へと進んでいった。もうもうと砂埃の舞うハイウェイで、「平沙莽莽として黄天に入る」、「一川の砕石大なること斗の如く、風に随って満地石乱れ走る」とうたわれた荒涼とした様をしみじみと体感した。

　マリア・ライヒェの願いを受けて、ペルー政府も遺跡保護対策をとるようになり、今日では地上絵一帯への車両と歩行者の立ち入りが禁じられている。ナスカの古代遺跡の全貌を見たければ、小型遊覧飛行機に乗るしかない。空高く昇り、砂漠を見下ろしてはじめて、古代人の驚くべき傑作を目にすることができる。

　ナスカの軽飛行機空港に到着すると、うまい具合に次のフライトに間に合った。しかし、搭乗手続きを済ませたところで突然砂嵐が吹き始め、風が止むまで離陸できないことになった。待合室にとどめ置かれた私は、やはり出発を待っているカナダから来た家族三人連れとおしゃべりを始めた。彼らの話を聞くと、「ここの飛行機は、これまでも毎年のように墜落事故を起こしていて、お世辞にも安全とは言えないのです。今では政府の管理がぐっと厳しくなって、正副二人の操縦士が乗務しなければ飛行できないことになって

左／途上見かけた交通整理を手伝う人　右／ハイウェイによって破壊された地上絵と、ライヒェの努力の末建てられた展望台

いるけれど、それでも事故ゼロにはならない。」料金ばかりが上がり、軽飛行機で遊覧しようという観光客は減っているそうだ。

　とうとう風が止んだ。私たちが搭乗する番だ。さっきの風が灰色の雲を全部吹き飛ばして、コバルト色の大空が広がっている。

　だが不吉な話を小耳に挟んでしまい、私は心中穏やかではなかった。しかもカナダ人一家全員が、搭乗直前に胸の前で十字を描いて神のご加護を願うのを見ると、不安はますます大きくなった。

　突然私は、台湾の女性作家三毛（サン・マオ）の小説集「万水千山を遍く歩く」のあとがきとして、アシスタントの米夏（ミー・シア）が書いた「ナスカ地上絵の上空を飛ぶ」の一節を思い出した。

私が乗った軽飛行機

Perú［ペルー］　107

左／ハチドリ　右／クモ

「私は操縦士の隣に座っていた。小さな飛行機が飛び立とうとする時、彼は胸の前で十字を描いた。私は『きっとこのフライトはこれまでとは違うのだ』と思った。彼の行動が私に尋常ならぬ感覚を引き起こしたのだ。この旅の終点が神秘的な色彩で満ちていたから、操縦士の行動はかえってそんな雰囲気にぴったりだった」

　目の前の光景は本に書かれたものとそっくりだ。しかしここまで来て地上絵の上を飛ばなければ、無駄足を踏んだようなものだ。もう一笑に付すしかなかった。
　乗客全員が座席に就くと、飛行機は飛び立ち目的地へと向かった。
　500平方キロメートルの乾燥した石ころだらけの平原の上で、操縦士は操縦桿を操りながら左右の絵について詳しく説明してくれた。地上には、長さ96メートルのハチドリ、長さ55メートルのオマキザル、翼を広げたコンドル、フクロウやクモなどの巨大な絵があり、直線、曲線、三角形などの幾何学模様（geolyphs）や動植物の模様（biomorphs）も見える。
　乗客一人ひとりが地上絵をよく見られるように、不公平が生じないようにと、操縦士は飛行機を行ったり来たりさせてくれた。おかげで誰もが等しく鑑賞できた。低空飛行すると気流で多少揺れはしたが、それでも私はカメラを離さず、「完璧」に地上絵を撮影しようと頑張った。
　40分間の旋回飛行は、実に忘れ難い経験になった。
　軽飛行機が着陸すると、ほっと安堵の溜息をつき、何事もなかったことを

左／巨人　中／コンドル　右／オマキザル

　喜んだ。そして地上絵飛行の証明書が手渡されると、ようやく、見聞きしたことを知らせなければと、家族や仕事仲間にＳＭＳを打った。
　帰路、私はドライバーと「砂漠の神秘」について議論した。これらの地上絵は迷宮のようだ。あれほど広大な面積に散らばっていても、層ははっきりしているし、中には一つの型で押してできたような同じ模様もあって、その正確さは驚くべきもので実に敬服させられる。ナスカの芸術家たちは、非常に緻密な計算ができたことを物語るものだ。荒れ果てた大地の上、古代人は大型の輸送機械も測定器もないのに、これほどまでに美しく奇妙な絵を描き上げた。でもこの巨大な地上絵は、いったい何を表しているのだろう。今もって謎だ。「カンデラブロ」同様、科学者たちはいくつもの派に分かれ、それぞれ異なった解釈を主張している。
　しかし、だからこそ、ナスカの地上絵の魅力には神秘性が伴うのだ。宇宙人が残していった絵だ、と言う人だっているのだから！
　私はあまりにも多くの謎と驚きを抱えたまま、もと来た道をリマに引き返した。ホテルに到着した時は、既に翌日の未明3時。この旅は本当に疲れたが、それでも大いに価値あるものになった。

ナスカ地上絵の絵葉書

白い町──アレキパ

　言い伝えによると、インカの第四代皇帝マイタ・カパック（Mayta Capac）が山に囲まれた奥深い谷にたどり着いた時、その景色に魅せられて「アリ・ケパイ（Ari guepay、ここに住みなさいの意）」と叫んだことが、このアレキパ（Arequipa）という町の名前の由来だという。

　アレキパはペルー南部にある県庁所在地で、全国第二の大都市でもある。海抜の高い町で、5,822メートルのミスティ山（El Misti）、6,075メートルのチャチャニ山（Chachani）、5,571メートルのピチュピチュ山（Pichu Pichu）という三つの大火山をはじめ、多くの火山に取り囲まれている。アレキパは周囲をペルーの砂漠地帯に囲まれた谷間にあり、まるで世界から隔絶された町のようだ。

　現代のアレキパは、1540年にスペイン人によって建設された。町は何度も火山によって大きな被害を受けたが、そのたびに復活を果たした。300年近い植民地統治の結果、中心部の広場にある建物は欧州植民地時代の色彩を

左／収穫にいそしむ女性たち　右／石で築かれた段々畑

白い町の最も美しい場所——カルメン・アルト展望台

　よくとどめており、ペルーでも重要な観光都市の一つになっている。古都クスコ（Cuzco）と浮島のティティカカ湖（Lago Titicaca）へ行こうとすれば、たいていこの町を通ることになる。

　町の建築物の大部分は、現地産の白い火山岩の一種シジャール（Sillar）を外壁材としていて、これが強い日差しの下きらきらと輝く。ここが「白い町」と称される由縁だ。

　リマを出発して飛行機で一時間余り。約800キロメートルを飛んで、私は白い町にやって来た。まずガイドの案内でこの町の周辺を訪ね、ペルー農村の伝統的な農民生活を見学する。

　白い町で最も美しい観光スポットは、カルメン・アルト展望台（Mirador de Carmen Alto）だろう。市の中心部からは遠いが、その高みから眺めると、遠くにはミスティなどの山々、下の谷にはチリ川（Chili）の急流、そして緑溢れる畑が眺められる。山の斜面には石を積んで囲んだ段々畑が見える。畑では牛がのんびりと草を食み、沢山の女性たちがニンニクなどの農作物の収穫に忙しい。強い日差しが照りつける中、彼女たちは日焼け止め対策をしてはいるが、額に汗して働く姿は昔と変わらないのだろう。目の前に繰り広げられているのは、まさに「日出て作し、日入りて息う。井を鑿ちて飲み、田

Perú［ペルー］| 111

を耕して食う」（訳注：古代中国の歌謡『撃壌歌』の一節。）という、つつましくシンプルな農村の風景だ。

　ガイドの説明では、今作業をしているのは農繁期を乗り切るために雇われた女性たちで、収穫中のニンニクはブラジルなどの近隣諸国に輸出されるという。彼女たちのほとんどが山の上にある簡素な家に住み、つつましい暮らしをしている。畑は金持ちの農場主のものだそうだ。

　落ち着いた雰囲気のヤナワラ地区（Yanahuara）は白い町の郊外にある。狭いがこぎれいな路地を抜けると、目に入るのはまたしても同じ造りの小広場だ。中央には噴水、周囲には荘厳かつ壮大なサンファン・バウティスタ教会（Iglesia San Juan Bautista）、それに地区政府庁舎。よその都市の中心

サンファン・バウティスタ教会

ヤナワラの白い石塀

にある広場と大差ない。が、広場の先にある展望台に行けば、賑やかな白い町の全体を眼下におさめることができる。

　この旅に出かける前、台湾亨強旅行社の陳さんが用意してくれた資料を見て、白い町にはどうしても行かねばならぬ自然の絶景があることを知った。コルカ渓谷（Colca Canyon）だ。

　それは世界一深い渓谷で、名高い米国グランドキャニオンの倍以上の深さがある。谷の上に立つと、果てのない天の高さ、底知れない地の深さを実感することができ、また手を伸ばせば、空の果てを飛ぶコンドルにも触れることができる。この話に非常に憧れ、できることなら今すぐにでも一羽のコンドルになって万丈の渓谷の上を飛んでみたいと思ったものだ。

　そんな私の思いをガイドに伝えたところ、「ここからその山へ登っていくには車で4時間以上もかかりますよ。時間がありません」と言う。これは諦めるしかない。心を残しながら市の中心部へと戻った。博物館にいる「凍れる美少女」に会うために。

Perú ［ペルー］

氷の少女——フワニータ

農園のアルパカ

　世界一深い渓谷に立つことができなかった私の無念を少しでも晴らそうと、市の中心部へ戻る途中、ガイドは植民地時代の貴族の農園に案内してくれた。農園は中も外も全て典型的なスペイン様式で、改修を経て、今ではリゾートホテルに様変わりしている。周囲は一段一段石を積んで囲んだ段々畑で、向こうに見える円錐形のミスティ火山との組み合せの妙を楽しんだ。

一段一段石で囲んだ段々畑

市街地の観光ポイントは中心地アルマス広場に集中している。前にも述べたが、スペイン人たちはある土地を占領したら、まず広場を設けてそこを官庁街としたのだ。白い町も例外ではない。町を真横に貫く賑やかな大通りがアルマス広場に繋がっている。シュロの木が植えられた広場の中央には大噴水があり、白い火山岩造りのカテドラルと官庁庁舎との間に、エメラルドグリーンの彩りを添えている。

　長い歴史を持つアレキパのカテドラル（Catedral de Aequipa）は、両側に高くそびえ立つ壮大な二本の塔が、その華麗な建物を引き立たせていて、信者にとってここが崇高な場所であることをよく示している。

　その近くにあるのが、1738年に立てられたカサ・リケッツ神学院（Casa Ricketts）だ。今はもう、神と対話し神の奇蹟を探求することは行われておらず、世俗的な銀行になっている。しかしその精細な彫刻、優美な文様はなお私の目を捉えて放さない。この土地の人々はペルーの伝統的な衣裳を身にまとうのを好むようだ。見たところ中国の雲南やチベットの民族衣装によく似ている。

　白い町を訪れたら、凍れる美少女の博物館はどうしても見逃せない。サンタマリア・カトリック大学（Catholic University of Santa Maria）が管理する付属アンデス聖地博物館（Museo Santuarios Andinos）。最も注目を

左／アレキパのカテドラル　右／カサ・リケッツ神学院

集めているのが、有名な氷の少女「フワニータ（Juanita）」だ。

　博物館に入り、まず「氷の少女」の来歴を詳しく説明する二十分ほどの記録映画を見た。昔、インカ人は愚かにも自然災害は全て神のなせる業だと考え、大自然の雪崩を恐れ、神のご機嫌をとり、なだめるため、少女を犠牲として山の神に捧げたのだった。

　1995年、火山噴火後に探検中だった考古学者ヨハン・ラインハルト（Johan Reinhard）は、約500年前にアンパト山（Ampato）に捧げられた「氷の少女」フワニータを発見した。地理的な環境によって、フワニータは完全に凍結したミイラになっていた。現地で初めて発見された女性のミイラであり、アメリカ大陸で発見されたミイラの中でも最も良い保存状態のものである。

　科学者たちはアレキパの大学でさらに詳しく研究を進めて、フワニータの身の上を明らかにした。「氷の少女」は16世紀ごろ亡くなったものと推定され、死後自然に風乾されていて、臓器の損傷は見られなかった。ＤＮＡ解析によって、彼女がペルーのどの土地のどの部族出身であるかも分かり、インカ文明を研究する科学者たちに非常に重要な手がかりを与えた。

　フワニータが発見された時、彼女の全身は質の良いアルパカ製のショールにくるまれ、周囲には陶器、金銀の彫像、穀物の殻や軸付きのトウモロコシが入った布袋などの祭祀用具があった。フワニータのショールは数百年の歳月にも色あせることなく色彩も文様も美しいままで、考古学者の間では世界で最も美しいインカ織物の一つだと言われている。

　かくも貴重なミイラを保護するため、博物館内は写真撮影厳禁。一枚も写真を撮れなかった。

修道院の秘密

　スケジュールの最後は、サンタ・カタリナ修道院（Monasterio de Santa Catalina）だ。非常に大規模な修道院で、敷地は大通りまるまる一本を占め、また高い塀に周囲を守られているので、町の中の町のようだ。

　1580年ごろ、スペインの裕福な家庭の娘たちのためにキリストの教えを

左上／夕日に映える修道院　左下／花が植えられたパティオ　右／修道院内の洗濯場

　学び信仰生活を送る場を作ろうと、一人の裕福な未亡人がこの修道院を建てた。しかしここが清貧な修行の場だったと考えてはいけない。確かに閉ざされた扉の中で修道生活は営まれたが、修道女一人ひとりに快適な部屋が与えられ、中には使用人を伴う者もいて、暮らし振りは全く辛く苦しいものではなく、住まいを変えてもとの安楽な生活を続けていたようなものだ。1871年、一人のドミニコ会の修道女がここを訪れたことから院内の秘密が明らかになり、それまでの快適な修道生活も改められたのだった。

　修道院の中を歩いてみると、様々な色に彩られた外壁があり、数えきれないほどの部屋の間に、狭く縦横に行き交う通路や隠された階段が見つかる。角を曲がると花々が植えられたパティオに出くわすこともある。とてもユニークな造りで、まるで忘れ去られた世界にいるようだ。

Perú［ペルー］

モチェ王朝遺跡を歩く

　プレ・インカの遺跡を探訪するため、再びアンデスを越えてトルヒーヨ(Trujillo)に到着した。ところが現地ガイドが来ていない。遅刻したのだ。なかなか連絡もつかず、すんでのところで乗ってきた飛行機でリマに帰ってしまい、この旧跡探訪の機会を逃すところだった。

　小さな空港の外は広大な砂漠だった。見渡す限り黄色い砂ばかりで、荒涼としている。なぜここが「常春の町」と呼ばれるのだろう。

色鮮やかなアルマス広場周辺の建物

ガイドによると、トルヒーヨは砂漠の町であっても、海岸に近いために適度に乾燥していて、雨はごく少なく、陽射しがいっぱいで、一年を通じて春のような気候だから「常春の町（The City of Eternal Spring）」と呼ばれるそうだ。この町は広く美しい海岸を擁するリゾート地になっている。

　リマの北西部に位置し、太平洋から約5キロメートルのこの砂漠のオアシス都市は、ペルー第三の都市だ。人口わずか80万人余りの町と侮ってはいけない。周辺には考古学者がどっと押し寄せるプレ・インカ文明の遺跡があちらこちらにあり、今やほぼ毎年のように新たな遺跡が発見されている。ここは豊かで輝かしいプレ・インカ文明発祥の地なのだ。

　荒涼とした砂漠の中の道をトルヒーヨ市の中心部へと向かっていくと、小さな建物が徐々に見えてきた。そしてまたもや同姓同名のアルマス広場が、同じような姿を現した。いくつもの町を訪れた私には、この都市文化の特徴はすっかりおなじみになった。

　だがトルヒーヨのアルマス広場に、私の目はきらりと輝いた。広場の周囲は、カテドラル、市庁舎、銀行、レストラン、ホテルといった建物で構成されていて、スペイン風の様式を踏襲している。しかしどの建物も、外壁は黄、青、赤など目にも鮮やかな色で塗られてとても美しく、扉や窓枠は真っ白、「鳥かご」に似た窓の白い飾り格子も独特で、全く新鮮なものに感じられる。

　広場の中央にはもともと征服者ピサロの像が置かれていたが、数年前、市民から反対の声が上がり、壮大な自由記念碑に取って代わられた。広場の四隅は花壇になっていて、活力に溢れた春の気分を醸し出している。

窓には「鳥かご」のような白い飾り格子

Perú ［ペルー］

先コロンブス期最大の建築物

　紀元100年から700年頃の間、トルヒーヨの南東5キロメートルの所に、モチェ王国（Moche）があった。全盛期には面積百ヘクタール余りに達し、現在、その遺跡はモチェ川の河谷に散在している。1991年になって発見された二つの巨大な建造物が、東西に相対して建っている。これがかつての神殿、太陽のワカと月のワカだ（太陽のピラミッド、月のピラミッドとも呼ばれる）。

　紀元500年頃に建てられたこの二つの神殿は、ペルーにおける先コロンブス期（Pre-Columbian）最大の建造物だ。いずれも日干し煉瓦で築かれていて、太陽のワカ（Huaca del Sol）の方が大きく、資料によると、1億4千万個を超える日干し煉瓦が使われていて、その内部は急な階段、スロープ、地面に対して傾斜角77度の壁を持つ多層構造になっているそうだ。考古学者は、その造りから、ここがモチェ王国の政治・行政の中心であったと考えて

太陽のワカ

山の麓にある月のワカ

いる。現在も発掘と研究が進められているため、このワカは公開されていない。しかし地上から遠望すると、目の前に見えるのは一つの巨大な砂山に過ぎず、それが壮大な神殿だと見て取ることは難しい。向かい側のやや小さい方が月のワカ（Huaca de la Luna）で、こちらは観光客も登って見学することができる。

　ここはモチェ王国における宗教の中心だったとされている。この建造物はいくつかの時代にわたって、それぞれ異なる建築方法で一層一層建て増しされていった結果、「七層」の基壇を持つピラミッドとなった。各基壇には壁画や彩色レリーフがあって、クモや双頭のヘビのような文様もあれば、戦士や捕虜といった人物の姿も多く見られる。神話が描かれた壁は、上の方の図案

左／七層の彩色レリーフ　右上／神殿の壁画　右下／大祭壇の一隅

Perú ［ペルー］ | 121

がことに賑やかで愉快だ。

　月のワカから出土した品はとても豊富で、陶器、貴金属などの器や道具だけでなく、数十体の男性の遺体も発見されている。これらは、モチェ文化に生贄を捧げる儀式が存在したことの証だと考えられている。

　考古学者によって設けられた歩道を月のワカの最上壇まで登ると、月のワカと太陽のワカとの間にある広大な土地をはっきりと見ることができる。往年のモチェ王国では、この場所に数万人もの人が住んでいた！　壮麗なモチェを現代人の目の前に再現しようと、考古学者たちは都市遺跡の復元に懸命な努力を続けている。

　二つのワカの下に博物館があって、そこからの出土品を展示している。博物館の前には、用心深そうに見張り番をしている動物がいた。なんとも奇妙な外見で、見たところ犬のようだが、頭の上にわずかな毛が生えているだけ

神話の壁

で全身には毛がない。この全然かわいくない犬こそペルーの「国宝」なのだと、ガイドが教えてくれた。ペルービアン・ヘアレス・ドッグと呼ばれる希少な動物で、見た目は恐ろしげだが、実際にはとてもおとなしいそうだ。体温が39度もあるので、関節炎やリウマチの患者がこれを抱いていると、治療効果を得られるという。「『犬』は見かけによらない」とはこのことか！

　私が左膝の関節炎を患っていると知って聞きつけ、ガイドが、せっかくこの犬がいるのだから試してみてはどうかと勧めてくれた。そこでまずは手を伸ばして撫でてみようとした。ところが手が犬のつるっとした体に触れたとたん、さっと全身鳥肌が立った。結局、こればかりはご遠慮申し上げることにした。

ペルービアン・ヘアレス・ドッグ

砂漠の古代海洋都市

　神殿のペルービアン・ヘアレス・ドッグにさよならを言って車に乗り込むと、今度はチムー文化（Chimu）の古都チャンチャン（Chan Chan）を訪ねるため、東の方向、モチェ川の河口近くへと向かう。

　チムー王国もまたプレ・インカ文明に属するが、先ほど見たモチェ文化の神殿よりも700年余り時代が下る。この国は11世紀から15世紀にかけて強大な勢力を誇り、アメリカ大陸における一大王国となった。その首都が、目の前に何キロも続く巨大な土の町である。600年余りの時の流れを経て歳月と風雨に痛めつけられても、いにしえの町は往時と変わらず黄色い砂漠の上に屹立して、その栄華を後の世に伝えている。

　チャンチャン遺跡は1952年には発見されていたが、発掘作業が遅れ、今のところまだ全面的な発掘は行われていない。現在は、中でも特に素晴らしい部分、すなわちチュディ宮殿群（Tschudi Complex）だけが公開されている。作業の進み具合から考えると、どうやっても数年以内に発掘が終わることはないだろう。

遺跡見学に来た地元の子供たち

この古都遺跡は1986年に世界文化遺産に登録されたが、ガイドの話では、ここを訪れる観光客はあまり多くないそうだ。果たして私が訪れた日も、私を含めて十人ほどで、おかげでゆっくりと遊覧できた。

　それにしても、見わたす限り一面の黄土色だ。ここで使われていた建材の原料は泥だった。泥にワラなどを混ぜて成形し乾燥させれば、日干し煉瓦が出来上がる。紀元850年から1400年の間に築かれたチャンチャンの町は、先コロンブス期のアメリカ大陸における最大の都市であり、また世界最大の土造りの都市であるとされている。町は高さ10メートル、厚さ約3メートルの日干し煉瓦造りの城壁で囲まれている。

古都の中央広場

左上／チャンチャンの町の遺構　左下／埋葬区　右／チムー国王像のレプリカ。その前には巻き貝や貝殻などが置かれている

　博物館で資料を見て知ったことだが、もともとこの城壁は、現在のような黄土色ではなく、赤、黄、白の三色に彩られていたそうだ。当然、年月によって晒されて今では見分けがつかなくなっている。
　「チャンチャン」とは、チムーの言葉で「陽光が満ち足りる場所」を意味する。私が訪れた日も、日差しが強烈で大変暑かった。けれども頑張って、遺跡の公開されている部分は全て見て回った。
　南向きに建てられた宮殿群には、チムー王国の国王や王族、貴族が住んでいた。ここには住居以外にも広場、厨房、倉庫、宗教儀式の場所や、行政統治の場所、埋葬区などがあり、それぞれに明確な役割があった。
　遺跡では140カ所以上の井戸が発見されていて、また宮殿内には地下から水を引いた池もある。一面アシが生い茂っているが、ガイドによると、池の水質は今でも飲めるほど良く、ずっとこの都市の給水源となっている。
　日干し煉瓦造りの城壁には耐震作用がある。壁面には菱形と三角形の文様があり、生き生きとした魚やラッコ、ペリカン、海鳥なども見られるし、中

地下水を引いた池。アシが生えているが水は今も飲める

　国の「竜」によく似たトーテムもある。部屋と部屋との間の低い壁には、漁網と波の文様が対称的に刻まれている。
　どうしてここには海のものが満ち溢れているのだろうか。言い伝えでは、チムーの人々は魚を捕って生活をし、また国王は海からやって来たという。だから海の生きものを非常に重んじていたのだそうだ。遺跡入口で見た、レプリカのチムー国王像の前には、巻き貝や貝殻などが山積みされていた。

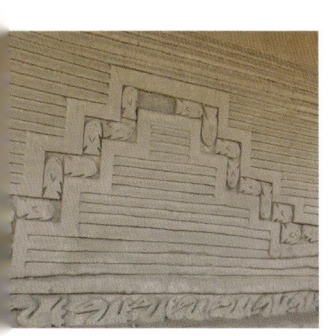

左／魚とペリカンのレリーフ　中／漁網と波の文様　右／人形

Perú［ペルー］| 127

ペルーの伝統馬術

　チャンチャン遺跡を後にすると、その近くの農園でペルー独特の馬術演技を見た。この国の伝統馬術は世界中でよく知られている。

　帽子をかぶり、マントのようなポンチョ（Poncho）をまとった盛装の騎手が、気品ある馬に鞭打ちながら登場する。そして芝生の上でユニークな「カバージョ・デ・パソ（Caballo de paso）」の演技を披露する。騎手は馬を操って様々なパターンの歩き方をさせるのだが、その歩法はいかにも優雅だ。騎手たちは風格があり、情熱的で大胆な音楽に合わせて踊る女性たちは大きなスカートを翻す。強烈な日差しの下ではあったけれど、このような素晴らしい馬術を見られて十分に満足した。

　若い女性ガイドは、今朝の遅刻に対する謝罪の意を行動で示そうと、一分一秒たりとも疎かにせず、常春の町での良い思い出作りに努めてくれた。

盛装で馬術演技

昼食は太平洋に近いワンチャコ（Huanchaco）のレストランで食べた。他に選択肢がなくて、またシーフードを注文した。料理は取り立てて言うほどのこともなかったが、果てしなく広がる太平洋が目の前にきらきらと光り、その大海の風光にうっとりした。ここは太陽を浴びながらバカンスを楽しむための海辺の町で、特に観光スポットはないが、唯一特徴的なものと言えば、ビーチに並べられた「アシ」の舟だろう！　もしもまだティティカカ湖（Lago Titicaca）に行ったことがなければ、この種の舟を見ておくのもいいだろう。ただし、私は既にあちらへ行ったことがあるから、たいしておもしろいとは感じなかったけれど。

騎手と女性の熱い踊り

「アシ」で造られた舟

Perú［ペルー］ | 129

千年前のミイラが発見された場所

　町を離れて砂漠を進み、海辺近くにあるピラミッド型遺跡ワカ・カオ・ビエホ（Huaca Cao Viejo）へと向かった。この辺りは住む人も少ない。この遺跡はモチェ王国の太陽のワカ・月のワカが造られた時代とあまり変わらない頃のもののようだが、しかしこの遺跡には大きな特色がある。それは1,000年以上前の女性のミイラ——セニョーラ・デ・カオ（La Dama de Cao）がここで発見されたことだ。現在「彼女」はセニョーラ・デ・カオ博物館で展示されている。ただし館内は撮影禁止。考古学者は、この女性は母系社会時代の統治者で、亡くなった時は20歳から25歳くらいだったと考えられている。彼女の両腕、両脚にはクモやヘビの入れ墨があり、ジャガーの文様が入った金合金の冠を戴いていた。さらに金糸で織り上げられた布団にくるまれていて、これは何となく馬王堆漢墓の金縷玉衣にも似ている。出土品には数多くの首飾り、陶器、織物などもあった。

　博物館の後ろにある5層からなる月の神殿に登ってみた。壁にはモチェ文化のレリーフやトーテムの絵が残っている。最上壇から眺めやると、大海に面する月の神殿の前は広い広場になっていて、周囲は四つの盛り土のようなピラミッドに囲まれている。おそらくここはモチェ王国の都市の一つだったのだろう。

左／遺跡は海辺にある　右／土でできたピラミッド型遺跡

左／ピラミッドのレリーフ　右／トーテムの絵

　ちょうど夕日が沈むところだった。はやる気持ちを落ち着かせて、恭しく太平洋の日の入りを待った。

　この日没の風景には、本当に感動した。カモメの群れが一つ、また一つと、夕日を浴びながら帰って行くのが見える。大地は静まりかえり、寄せては返す波の音しか聞こえない。太陽の半分が海面に沈もうとする時、大海原は鮮やかな紅に染まった。「一道の残陽水中に舗き、半江は瑟瑟にして半江は紅なり」（訳注：白居易の詩『暮江吟』の一節）――まさにその詩の通りの情景だった。

太平洋の落日

Perú ［ペルー］ | 131

聖なる湖の伝説

　昔むかし、水の神の娘イカカ（Icaca）は、年若い船乗りのティト（Tito）を好きになった。これを知った水の神は大いに怒り、彼らの仲を認めなかったばかりか、ティトを水死させてしまった。イカカはとても悲しんで昼も夜も泣き暮らし、その涙は川となった。その川面に愛する人のなきがらが浮かび上がって山となり、イカカは山を取り囲む湖になってしまった。以来ずっと、山と湖は寄り添っている。死してなお変わらない愛の物語にインカの人々は感動し、悲劇の恋人にちなみ、二人の名前を合わせてこの湖の名前とした。
　ガイドによれば、「ティティカカ湖」（Lago Titicaca）の名前の由来となったこの悲しい恋の物語は、インカに広く語り伝えられているそうだ。だがこれにまつわる神話は、一冊の神話集を編めるほど、まだまだ沢山あるらしい。

ピューマの石

　ティティカカ湖という名は、声に出してみるととても良い響きがする。まるで踵の高い靴を履いた踊り子が床を踏みならす時に出る、あの澄んだ音のようだ。実のところ「ティティカカ」とは、先住民の言葉で、「ピューマの岩（Rock of Puma）」を意味する。この湖はインカ文明発祥の地であるペルー南部に位置し、インカの人々はここを「聖なる湖」として尊んできた。私もかねがね名前は聞いていて、ペルー旅行でぜひ行ってみたい場所だった。
　古都クスコを出発して国内線で一時間足らず。ボリビアにほど近い町フリアカ（Juliaca）にあるインカ・マンコ・カパック国際空港に降り立った。ガイドは「フリアカでの予定はありません」と言い、すぐに、ティティカカ湖

高原盆地にあるプーノの港

のほとりにあるプーノの港（The Port of Puno）へ案内するという。
　車は荒涼とした広大な平原をひた走る。道の両側は荒れ果てて人の姿も見えない。時折、鉱山や牧場を見かけるが、これらはとっくにうち捨てられたものだ。2時間余り走って、高原盆地にあるプーノの港に到着した。ここは海抜3,800メートルの町で、建物の多くは湖畔に建てられている。
　ティティカカ湖はペルー、ボリビア両国に跨がり、両国の「湖沼国境」となっている。湖の60パーセントがペルー、残りの40パーセントはボリビアにあり、過去には両国それぞれの利益保護を理由とした紛争も発生している。
　大昔に起こった激しい地殻変動で、山脈の隆起や断層運動が生じ巨大な盆地が形成され、ここは山々に取り囲まれるようになった。その後長い年月にわたり氷河作用を受け、周囲の山々の雪解け水が湖の水源となった。25本以上の河川の水が絶えず湖に流入しているという。しかし水の出口はわずか一つだけで、そこからデサグアデーロ川（Rio Desaguadero）へと流れ出していく。

町で見かけたクールなモトタクシー

Perú ［ペルー］ | 133

ティティカカ湖は大型船が航行できる世界最高所の淡水湖

　ティティカカ湖は、海抜3,821メートル、面積8,300平方キロメートル余り、平均水深は100メートル以上で、最も深い所は280メートルにも達する。大型船舶が航行可能な湖としては、世界最高所の淡水湖である。うねうねと続く湖岸線には半島や湾といった地形が見られ、湖の中には数十の島があり、さらに周囲の山々は一年中雪を頂いている。その眺めたるや、これぞ秀麗のひと言。ガイドの説明にすっかり心を奪われた私たちは、今すぐにでも湖へ向かおうとした。が、残念ながらそれは叶わなかった。ちょうど食事中だったので。

　考古学者によって、ティティカカ湖の島には、インカ時代の神殿や宮殿の遺跡のほか、ティワナク文化（Tiwanaku culture）の遺跡も存在することが明らかになっている。千年以上も前からこの湖の島には人が住んでいたという。土地の人々はこんな神話を信じている。彼らが尊崇する太陽神は、インカ帝国の創始者マンコ・カパック（Manco Capac）とママ・オクリョ（Mama Ocllo）をこの地に遣わされた。それは太陽神の知恵を人々に伝え、耕作と機織りを教えるためであり、また人々を従わせて国を創るためである。彼らの

夜明けのティティカカ湖。雲が多く、壮観な日の出は見られなかった。雲の間から差す朝日が湖面に映える。湖の黒い点はアシだ

　国は徐々に大きくなり、やがてクスコに移ってそこを都とした。こうしてクスコを中心としたクスコ王国にまで発展し、さらには後のインカ帝国となったのだ。
　ティティカカ湖がインカにとって聖なる湖であるのは、ここが高地で太陽に近いから、そして喧噪から遠く離れているからだと思う。ここは戦を逃れてやって来た人々を守ってくれる桃源郷だ。聖なる湖と呼ばれるのは当然だろう。
　その日、私たちは湖の中にある唯一のホテル－リベルタドール・ラゴ・ティティカカ・プーノ（Libertador Lago Titicaca Puno）に泊まった。ホテルの経営者がエステベス（Esteves）島を丸ごと買い上げ、独立戦争当時の軍の監獄を豪華星付きホテルに建て替えたものだ。
「高原の淡水湖で、ぜひ日の出を見なければ」。それが気になってしまい、私は一晩中眠れなかった。夜明けを迎える前に独りホテルのテラスに出て、高原の寒さの中で「太陽神」がその姿を現すのを待ち構えた。

ティティカカ湖の絵葉書

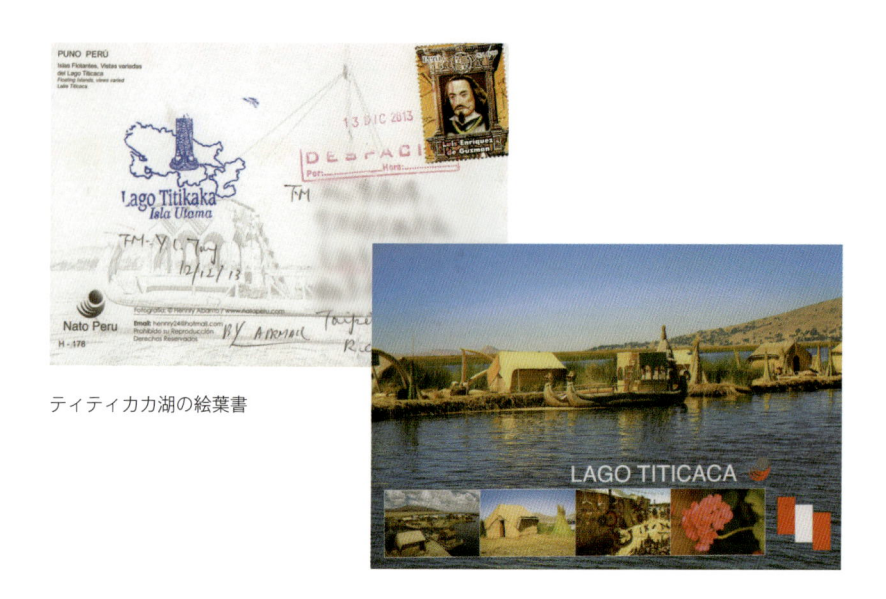

　しばらくすると、果たして、東の空に神が顔をのぞかせた。光がさっと四方を照らす。しかしこの日は雲がやや多く、太陽がゆっくりと昇っていく壮観な光景を見ることはできなかった。鏡のような湖面に、雲の隙間から差す朝日が照り映える。うすぼんやりした光の中で、湖の中にぽつりぽつりと黒い点があるのに気が付いた。小舟ではない。アシの茂みだった。日がさらに高くなり、朝日が聖なる湖の全体を照らす頃になって、私はようやく後ろ髪を引かれる思いでテラスを離れた。

アシで作られた浮島

　この後のスケジュールこそ、お待ちかねのクライマックスだ。ガイドに案内されて遊覧船に乗り込むと、船はアシですっかり覆い隠された水路を進んで行く。生い茂ったアシをかき分けて水路を切り開いていくのだ。両側のアシは人の背丈よりも高い。
　水路を進むこと30分ほどで、突然目の前が開けた。ティティカカ湖の水

左／アシですっかり覆われた水路　右／浮島

は澄み、鏡のようだ。四方に連なる雪を頂く山々、白い雲を浮かべたコバルトブルーの大空が、水面に映りゆらゆらと揺れる。なんという景色だろう！ 大自然の力強さがあって、それでいて静かで、美しい。

　驚嘆する暇もなく、今度は数多くの「浮島」に目が釘付けになる。

　一つひとつ独立した、大きさも様々な42個の浮島からなるウロス島（The Uros Islands）だ。現在、島民は約2,000人。彼らの祖先はウル族（Uros）だ。その昔、たびたび繰り返される戦争や部族間の対立から逃れるため、彼らは陸を追われるようにして湖上に移ってきた。浮島を造ってすみかとし、その後何代にもわたってここで生活を続けている。かつて浮島は、戦乱を逃れた人々の安住の地だった。ところが今では、海外旅行の目玉に様変わりしてしまった。

　いささかなりとも、ここには陶淵明の詩『桃花源記』の境地に相通ずるものがないだろうか。「いづこも同じ秋の夕暮れ」。世界の変化、人類の命運。そういったことは、国の内外を問わずどこでも同じではないか。

　島の暮らしを体験してみませんかと言って、ガイドは船を浮島の一つに停泊させた。美しい民族衣装をまとった島民が、私たちを温かく出迎えてくれた。

　「地面」に足を乗せた瞬間、ふんわりとした柔らかさと、しっかりした弾力性を感じた。踏みしめてみるとわずかに窪みができた。ガイドの説明で知ったのだが、現地で多く採れるこの草は、アシの一種で「トトラ（Totora）」

Perú ［ペルー］ | 137

というのだそうだ。島民がわざわざ島の造り方を見せてくれた。まずトトラを日に干してから縄で縛る。それをいくつか組み合わせ、寄せ集めていくと、一つの島ができる。それから島の上で、同様にトトラを建材に仕立て、家を建てる。ガイドは「家の造りはとてもしっかりしているので、全く心配いりません」と言う。この草は島の材料となるばかりか、食べ物にもなる。一人の女性が茎のしんの部分を勧めてくれた。口に入れてみると、確かにかすかな甘みを感じた。

　この小さな島は一つの村になっていて、大人から子供まで男女合わせて5戸11人が暮らしている。各家はそれぞれ独立して暮らしているが、互いに見守り助け合って、言ってみれば「町内会」のような関係が築かれている。

　島のどこへ行っても、人々は心からの笑顔で歓迎してくれて、私もミス・ヴィッキーも本当に感動した。島には展望台や貯水池、トトラの栽培場、それに公共広場まである。各家庭も見せてもらった。家の中には簡素な生活用品と毛布を敷いて作った「ベッド」があり、壁には女性たちが織った絨毯が掛けられている。他にめぼしいものはない。火災予防のため、煮炊きの設備は家の外にある。

　島民は主に湖の魚やカエルを捕り、また狩猟をして暮らしている。ある家の男主人は、夏になると、家にある古い猟銃で野鳥を捕るそうだ。女性たちは家の中で、美しく色鮮やかな壁掛けや土産物の手工芸品を作っている。

　島と島との間を行き来するための足もまた、干したトトラを編んで作られ

左／美しい民族衣装の島民が出迎えてくれた　右／現地で多く採れるトトラ

絨毯や土産物を作る女性たち

　る。トトラ舟の舳先の形はピューマに似ている。ここでの最大のお楽しみは、舟遊びだ。私とミス・ヴィッキーも浮島からトトラ舟に乗って湖めぐりを存分に楽しんだ。島と島の間を通り抜けていくと、観光客を乗せたいくつもの舟が、やはり山と湖の景色を楽しんでいるのが見える。

左／島の足もトトラ製　右／トトラ舟で湖をめぐる

Perú［ペルー］| 139

遊び疲れて島を離れる時、人々は歌い踊って見送ってくれた。浮島での風物、それに島の人々の温かいもてなしは、私にとって忘れられない思い出となった。
　最近のディスカバリーチャンネルの宣伝のおかげか、世界で唯一無二のこの浮島は一大観光スポットとなり、観光業が盛んになった。これは島民にも利益をもたらし、生活条件の改善につながっている。「島の人々の生活は、今、だんだん近代化されてきています。電気が供給されるようになって、彼らの暮らし方は変わりました。作業をしながらテレビを見ることもできるし、Wi-Fiだって使えます。ここはもう、世の中から切り離された『桃源郷』などではないのです」とガイドは教えてくれた。

コリャ（Colla）の貴族たちの墳墓群

　フライトの都合で、私たちはそこから先へは進まず、ティティカカ湖にある最大の島タキーレ島（Isla Taquile）へ渡ってインカの遺跡を見学することなく、プーノ港へ引き返した。
　フリアカへ戻る途中、シユスタニ遺跡（Sillustani）を通った。ここには戦いを好んだコリャ族（Colla）の貴族たちの墳墓群がある。丘の下から仰ぎ見ると、石を積んで造られた石塔墳墓はトーチカのようだ。ガイドによれば、これらの墳墓の大部分はもうすっかり盗掘され、しかもひどく破壊されているという。近年ようやく、ここを観光スポットにしようと、修復整備のための公的資金が投入されたという。
　石塔墳墓は太陽の昇る方向を向いていて、被葬者は胎児の姿勢に折り曲げられて中に収められていたという。これは再び母親の胎内に回帰することを象徴し、再生の意味が込められているそうだ。また塔の外側にはトカゲのレリーフが見られる。コリャの人々は、切られても再生する尾を持つトカゲを、生命力の強い生きものだと考えていて、このレリーフは復活を意味するのだそうだ。

シュスタニの墳墓群

左／石を積み上げたトーチカのような墳墓　右／石塔墳墓の解説

Perú ［ペルー］ | 141

失われた都市

　インカ帝国の「失われた都市」(The Lost City)、新・世界七不思議の一つ——マチュピチュ (Machu Picchu)。ペルーに来たからには、ここを訪れないわけにはいくまい。

　朝まだ暗いうちにリマを出発し、飛行機でペルーを貫くアンデス山脈を越えて、昔日のインカ帝国の都クスコに無事到着。現地ガイドと打ち合わせを済ませると、いよいよインカの遺跡探訪の旅が始まった。

　クスコは高地にある都市で、海抜約3,400メートル。高山病を起こしやすい土地柄だ。私たちと同じフライトだった米国マイアミから来たという二人

クスコ空港　ロビーの盛況ぶり

左／アンデスの王冠に輝く真珠　右／ウルバンバの谷

　の青年は、到着するやいなやたちまち激しい頭痛を訴えて、乗ってきた飛行機でリマへ引き返していった。今回、クスコの高度について、私は全然気をつけていなかった。事前の準備など何もしておらず、前もって「紅景天」(訳注：漢方薬のひとつ。イワベンケイの根茎を乾燥させたもの。高山病症状の改善に効果があるとされている）も飲んでいない。私も、同行してくれたミス・ヴィッキーも、幸いうまく適応できて、何の症状も出なかった。そういえば以前チベットのラサに行った時、地元の人からこんな話を聞いた。「だいたい高山病というものは、年寄りには悪さをしないが若い者に悪さをし、女には悪さをしないが男には悪さをするものだ」。この年寄りはここでもまた難を逃れたということか。いずれにしろ、めでたく失われた都市への第一歩を踏み出した。

　私たちが到着した日は霧雨で、古都クスコは朦朧として煙雨の中にあった。

　ガイドが用意していたのは、早速町を出発してうねうねとした山道を前進する、というスケジュールだった。キリスト像が立つ丘の上から、盆地になっている市街地を見下ろすと、目の前いっぱいに広がるのはぎっしりと並ぶ赤い屋根の家々。それを取り巻く高く険しい山々と、木々の緑。確かに「アンデスの王冠に輝く真珠」の名に恥じない素晴らしい景色だ。

　ウルバンバの谷にやって来た。ここはインカ帝国の心臓部で、聖なる谷（Sacred Valley）とも呼ばれる。私たちはこれからインカの聖なる川――ウルバンバ川（Urubamba River）に沿って、山々を越えて進んでいく。インカの神秘の都市に辿り着くために。

生きている黄金

　山道を進んでいくと、山の麓にピサック村（Pisac）が見えてくる。畑とあぜ道ばかりの村落だが、生き生きとした元気さに満ち溢れている。高い山の上にある濃い霧に覆われたインカの砦跡を通り過ぎて村に入った。そこでガイドがアンデス山脈の「生きている黄金」なるものを見せてくれた。山岳地帯のインディヘナたちが飼育しているアルパカ（Alpaca）だ。

　アルパカはラマの一種で、主に南アメリカ、特にペルーとチリの高原地帯で多く見られる。ニュージーランドやオーストラリアなどでも見られるが、数から言えばここ南米よりもずっと少ないし、また原産もこちらだ。

　見た感じは、頭と首はラクダに似ているが、体の大きさはヤギほどしかないという印象を受けるだろう。ラマ属には、ラマ（Llama）、アルパカ（Alpaca）、グアナコ（Guanaco）、ビクーニャ（Vicuna）の四種類があるのだが、外観はどれも似通っているので混同しやすいし、中国語の呼び名（訳注：中国語の名称。ラマ＝「大羊駝」、アルパカ＝「羊駝」、グアナコ＝「原駝」、ビクーニャ＝「小羊駝」）もよく取り違えられる。

　このうちビクーニャから刈り取った毛が最も高級で、その毛を使用した毛布、絨毯、衣類は、防寒性が高く丈夫で、色あせもしにくいので、製品になると非常に高価だ。原産地に来たからには、ということで私もビクーニャのショールを一枚選んだ。値段は米ドルで5,000ドルちょっとだという。手を変え品を変え頑張ってみたが、店のあるじは一銭たりともまけようとしない。とうとう私の方が根負けして言い値を支払った。このショールは妻へのお土産にしよう。

　山岳地帯のインディヘナ女性が身につけている衣裳は、中国西南部（訳注：ラオス、ミャンマー国境に近い地域。雲南省、貴州省、四川省、重慶市を指し、様々な少数民族が多く居住する地域）の少数民族のものと似通ったところが多いようだ。どちらも大きなエプロンを好むようだし、また衣服の色も鮮やかだ。それだけではなく顔立ちもどことなく似ていて、肌の色も黒い。

　今のところ一般的には、インディヘナの祖先たちは、数万年前にアジア大

上／ピサック村　左下／生きている黄金　右下／アルパカの織物

Perú [ペルー] | 145

陸からベーリング海峡（Bering Straits）を経てアメリカ大陸に渡って来た、と考えられている。つまり実のところ、アジアとアメリカの先住民は同じ祖先を持つのだ。

　これまでにも古い歴史のある中南米諸国をいくつか訪れたが、そこの博物館や遺跡を見学していて、出土品に見られるトーテムなどは、いくらか東洋的、中国的な雰囲気を帯びていることに気が付いていた。「オルメカ文明中国起源説」なるものも、もっともであるような気がしてくる。この説が正しいかどうかは分からない。いずれにしろ、人類学者、考古学者のたゆまぬ努力によってさらに多くの証拠が発見され、証明されるのを待たねばなるまい。

虹のふるさと

　ピサック村を出て、またウルバンバ川の急な流れに沿って進む。険しい聖なる谷を抜けると、突然視界が開けた。聖なる谷の下にチンチェーロ（Chinchero）の村が見えた。生き生きとした緑の畑、山肌に造られた段々畑。本当に魅力たっぷりの田園風景だ。

　このチンチェーロで川魚の昼食を存分に取り、それから地元のコカ茶（Coca leaf tea）も試してみた。ガイドが「あなた方は今、海抜3,760メートル以上の場所に来ています。コカ茶を飲めば体力がつくし、高山病対策になりますよ」と言ったからだ。さらにまた別の薬草も勧めてくれた。臭いをかいでみると、強いハッカの香りがした。これも高山病予防になるそうだ。ではコカ茶を飲み終えたら、旅を続けようか。

　ペルーは「ジャガイモの故郷」だと言われる。この村に来たおかげで、ジャガイモ（つまり中国語で言う「馬鈴薯」だ）について少し詳しくなった。やはり旅には出てみるものだと、感じさせ

コカ茶

小さな農産物展示館

　られた。私たちが日頃食べているジャガイモ、その原産地がすなわちペルーのアンデス山脈一帯で、数千年前にこの地の先住民たちがその栽培を始めたそうだ。34もの品種があって、色、形、大きさも様々。中国の「馬鈴薯」もこの地からもたらされたのだそうで、まず18世紀にオランダ人が澎湖諸島に伝え、後には台湾、さらに中国大陸でも栽培されるようになった。

　村には小さな農産物の展示館があり、ジャガイモ各種のほか色とりどりのトウモロコシも展示されていた。紫色のトウモロコシを見るのは初めてだ！

色とりどりのトウモロコシ

Perú［ペルー］ | 147

先住民の言葉でチンチェーロとは「虹の土地」を意味する。村の建物は、石で壁の土台を築き、その上に日干し煉瓦を積み重ねて建てられている。典型的なインカの建築様式だ。屋根は赤いかわらぶきで、高い所から村を見下ろすと、まるで一本の赤い虹がエメラルドグリーンの深い谷に掛かっているように見える。「虹の土地」とはこれに由来するのだろうか。

　ここはクスコより300メートルほど高く、石畳の広場や市場を歩いている時には寒気を覚えていたし、ちょっと足早に歩くと息苦しく感じることもあった。さっきコカ茶を多めに飲んでいなければ、高山病になっていたかもしれない。

　体力を無駄に消耗させないため、チンチェーロの先にあるオリャンタイタンボ（Ollantaytambo）のインカ要塞跡を訪ねるのは、ひとまず中止とした。そこにはインカの人々がスペイン侵略軍を迎え撃った古戦場がある。またイ

タンボ・デル・インカ（Tambo Del Inka）

ンカがその優れた知恵をもって建設したモライ（Moray）の段々畑やマラスの塩田（Salinas）をこの目で見ることは断念した。そして勢いよく流れるウルバンバ川に沿って、インカらしい雰囲気を持つホテル、タンボ・デル・インカ（Tambo Del Inka）へと直行した。

パスポートに押したマチュピチュのスタンプ

　高い山地での長い長い旅の一日を終えて、皆とても疲労困憊していた。簡単な夕食をとって自室に戻ると、そのままベッドに倒れ込んだ。それでも、明日は最高のコンディションで、失われた都市マチュピチュに行こうと、胸は期待でいっぱいだった。

左／村の建物は典型的なインカの建築様式　右／マチュピチュの絵葉書

Perú［ペルー］ 149

インカ人の努力と知恵

　翌日早朝、ほんのりと明るい朝の光の中、ウルバンバのホテルを出発し、まず一路オリャンタイタンボ（Ollantay tambo）へ向かった。そこで観光列車に乗り換えるのだ。

　車での一時間余りの移動の間ずっと、ガイドは、かつてのインカの歴史的業績を語り聞かせた。最初のテーマは、昨日見たアルパカのことだった。「当時インカの織物技術は、知らない者はいないほど、非常に優れていました。主な原料は、南アメリカの高原地帯だけにしかいないアルパカでした。でき上がった製品は精緻で、デザインも非常に美しかったので、こんな言葉ができました。『インカはアルパカの毛で人が渡る橋を織り、雨風を防ぐ屋根だって織る。』」

　残念なことに、これらの貴重な織物は既に失われてしまった。侵攻したスペイン人たちは、インカの極めて巧みなアルパカの毛織物などには目もくれなかった。彼らが放った火は全てを灰にしてしまい、その技術も永遠に歴史の中に埋もれてしまった。

　それから農業でも目覚ましいものがあった。私たちは時間が足りなくなって、有名なモライの段々畑遺跡とマラスの塩田には行けなかったのだが、この二つの遺跡ではインカの人々の知恵を見ることができる。

　数百年も前に、インカの人々は物理学の比熱容量（Specific heat capacity）の原理を知っていて、ウルバンバ川の河床で採れるある種の小石をうまく利用していた。その小石は他の石と異なり、比熱容量の差が大きかった。そこで、隕石孔ほどの大きさのあるモライの段々畑では、段ごとに厚さを変えてこの小石を敷き詰め、これによって各段の温度を調節し、また灌漑システム

の調整も行った。こうして段ごとに異なった農作物を栽培できるようにした。「マラスの塩田はもっとスペクタクルですよ」。インカの人々は山の斜面の地勢に応じて、高さも大きさも異なる塩田をいくつも作り、そこに塩分を含んだ温泉水を引き入れた。高い所から見下ろすと、沢山の塩田に太陽が反射して、白くきらきらと輝いて見えるという。「それはまるで、山の間にはめ込まれた天然のモザイク画のようなのです」。そんな話を聞いて私は本当に後悔した。どうしてこれらの場所に足を伸ばすために、あと二日の時間を捻出しなかったのだろう。残念でならない。

　インカ帝国の土地の多くは土が少なく石ころが多い、農業には不向きな山岳地帯にあった。しかしこのようなやせた石ころだらけの土地も、人々の力によって立派な畑に変えられた。段々畑として開墾したのだ。山の傾斜地に石を積んで堅固な「壁」を築き、別の場所から土を運んできて壁によってできた窪みを埋め、さらにグアノなどの天然肥料を施して、岩山を美田に変えていった。少しずつたゆみなく山を切り開き、水を引いた。水利施設を建設して、山岳地帯の四方八方に通じる水道システムができ上がると、水を引いて灌漑し、農作物を栽培した。こうしてインカの民の食糧問題は解決した。

　インカ帝国の自然環境は、だいたいが農作物栽培に向いていない。しかし人々は決してこれに屈することなく、才能を生かし、努力し、苦労に耐えた。そして「人定まりて天に勝つ」ことを信じて、人類の奇跡を生み出したのだ。断崖絶壁にある段々畑では様々な農作物が栽培されているが、最も生産量が多いのはトウモロコシとジャガイモだ。「当時のインカの人々は、牛を使って畑を耕すことを知りませんでした。どんな農作業も完全に人の力だけで行われたのです。インカの人々がどんなに働き者だったか、おわかりになるでしょう」と、ガイドは力を込めて言った。

　私たちはガイドの説明に耳を傾けながら、車窓の風景を眺めやっていた。この日はどっちつかずの天気で、山のこちら側ではまだ霧雨が降っていたのに、山の向こう側へ出たとたん、青空に白い雲が浮かんでいたりする。これが高山気候の特徴なのだろう。

オリャンタイタンボ駅

　周りには山が幾重にも連なり、人を楽しませてくれる眺めだ。しかもガイドの面白く途切れることのない語りも相まって、あっという間に時が過ぎ、気が付くと目の前にオリャンタイタンボ駅があった。

　ドライバーのおかげで順調に移動できて、列車の発車時刻までしばらく余裕ができたので、この町を一回りすることにした。インカ帝国が遺した古い町の中でも、ここは良く計画された都市の一つとされている。

屋根の上の縁起物

　民家の屋根の中央に一対の動物のような飾りが置かれているのを、他の町でもよく見かけた。ここも例外ではなかった。ガイドに尋ねてみると、これは焼き物でできた一対の牛の飾り物で、十字架とセットにして民家の守り神（縁起物、魔除け）とする、この土地のインディヘナの習慣だそうだ。

　町の高い場所にあるのが、往時インカが敵と抗戦した山上の城砦と神殿の

屋根中央にある陶製の牛の飾り

　遺跡だ。インカ軍は地の利を得て、高い所から石を投げつけたり、放水して低い土地を水没させたりして、強敵の侵入に抵抗した。しかし残念なことに、この天然の要害もスペイン軍の火器にはかなわず、インカは打ち負かされて撤退することになる。

　かつての英雄的な町オリャンタイタンボは、現在、マチュピチュへの玄関口となっていて、マチュピチュに行く者は必ずここを通る。そのため年々観光客の数も増え続けている。

　失われた都市マチュピチュに行くには、だいたい二つの選択肢しかない。まず自己の限界に挑戦したい人は、三泊四日のインカ道の旅をどうぞ。古い町ピスカクチョ（Piscacucho）にあるKM 82地点をスタートし、石畳のインカ道（Comino Inka/Inka Trail）を歩いて山を登って行く。その距離30キロメートル。途中、道沿いにあるインカの旧跡や神殿を全て見ることができ、考古学好きには絶好のルートだ。

Perú ［ペルー］ | 153

左／往時インカが抗戦した城砦と神殿の遺跡　右／オリャンタイタンボはマチュピチュへの玄関口

　しかし現地の観光当局は、遺跡であるインカ道が観光客の増加によって損壊することを恐れ、一日に入山できる観光客を200人までとする規制を設けた。これにポーターや日常的にインカ道を利用する人の数を合わせても、最大500人を超えてはならないとしている。古道の本来の姿を保護するために、ペルーの観光当局が様々な手を尽くしていることは、賞賛に値する。
　通常、観光客は、地元山岳地帯の住民をポーターとして雇い、彼らに荷物の運搬、道中のキャンプ設営や食事の用意などを頼む。しかし、たとえ重い荷物を自分で背負う必要がなくても、高い山道を歩いて行くのは高山病の危険がつきまとうから、ハイペースで歩き続けることは難しい。このルートはかなりハードなものに違いない。
　こんなスケジュールは私にはとうてい無理で、諦めるしかなかった。だから唯一の選択肢は、大多数の観光客と同様、観光列車で行くというものだった。列車には「ビスタドーム（Vistadome）」とか「エクスペディション（Expedition）」とかいうランク分けがあるそうだが、自分がどれに乗ったのかは、全然気にしていなかった。とにかく、車内の座席は快適で、窓も明るくきれいにしてあって、景色を楽しむのには本当に好都合だった。

列車は動きだし、ゆるゆると古い町を離れた。雪を頂く峰々や切り立った崖に雲がまとわりつく。下の谷間を川がとうとうと流れていく。遠くの山の斜面には段々畑、そしてインカの遺跡。車窓から見える数々の絶景に、私が深く心を奪われた。
　窓外風景を撮影するのに忙しく、40分余りが瞬く間に過ぎ去り、列車は失われた都市の下にあるアグアスカリエンテス（Aguas Calientes）に到着した。この村の駅の名前が、マチュピチュである。

観光列車の車窓風景

アグアスカリエンテス（マチュピチュ村）の風景

Perú ［ペルー］ | 155

究極のロストシティへ

　アグアスカリエンテスは、「失われた都市」マチュピチュ遺跡がある山の麓に位置し、「マチュピチュ村」と呼ばれている。四方を山に囲まれ、ウルバンバ川の激流が横切る。アグアスカリエンテスとはスペイン語で「熱い水」という意味で、文字通り温泉が湧き出ている。

　この村は山上の遺跡を訪れるための唯一の登山口になっていて、地元住民は「得手に帆を揚げ」、商店、レストラン、温泉付きホテルの経営など、ほぼ観光関連で生計を立てている。そしてここの物価は、クスコ市よりもずっと高い。

　私たちは村にはとどまらず、すぐに、露店が並ぶ駅前の市場を通り抜けて登山バス乗り場に向かった。シャトルバスは、海抜2,500メートルの山頂にある終点を目指して、ジグザグの山道を登って行く。道はうねうねと曲がりくねり、突然急カーブが現れる。道の両側に見える山の峰は幾重にも連なって途切れることがなく、山と山の間に雲が湧き上がってくる。まるで自分が絵の中にいるような爽快な気分だ。ほどなくして、失われた都市の入口に到着した。

　12月初めはもう春の終わりの雨季に入り、観光もオフシーズンだ。しかしマチュピチュの魅力は少しも損なわれることはないらしく、遺跡入口は観光客で溢れかえっている。多くの人が、大きな荷物をクロークに預け、さらにパスポート登録の手続きをしていた。

　ペルーの観光当局は、2011年以来、一日当たりの観光客数を5,000人以下に制限している。そのため観光客は、旅の出発前にあらかじめ入場券を購入しておくようになった。そうしておかなければ、遠路はるばるここまでやっ

マチュピチュ全景

て来て、門前払いされるかもしれない。残念のひと言で済む話ではない。

　比較的早く到着したので、観光客が多いとはいえ、まだ混雑するほどではなかった。遺跡内のインカ道をたどって、ついに、待望の失われた都市へと入っていく。

天空の城

「マチュピチュ（Machu Picchu）とは、インカの言葉で『老いた峰』を意味します。考古学者の研究によれば、15世紀頃、当時インカの統治者であったパチャクティ（Pachacuti）がここを建設したと言われています。」ガイドが入口近くの岩にはめ込まれた解説板を示しながら、マチュピチュの建設者のことや、1911年に米国の科学者ハイラム・ビンガム（Hiram Bingham）が地元民メルチョール・アルテアガ（Melchor Arteaga）の協力でマチュピチュを発見した経緯など、失われた都市の歴史について説明し始めた。

マチュピチュは頂に近い急峻な山の斜面に建てられ、四方を高い峰に囲まれている。両側は六百メートルほどの断崖絶壁、その谷底ではウルバンバ川の急流が180度湾曲する。

　海抜2,500メートルの山上にある都市遺跡は「天空の城」とも称される。山の麓にいる限り、この遺跡を発見するのはどうしても不可能である。また山に分け入ったとしても、いつも雲のベールが掛かってその姿を覆い隠している。まるで空飛ぶ宮殿のようだ。

　これほど有名なマチュピチュではあるが、現在に至るまで、ここはまだ誰にも解けない謎に満ちている。スペイン人の侵入、インカ帝国の滅亡から300有余年が経つが、なぜ失われた都市については何も分かっていないのか。またなぜペルー独立後100年もの間、誰にも発見されなかったのか。何か神秘的な力が、外界の人間の進入を阻んできたのか。インカの黄金が隠された

左／谷を流れる急流ウルバンバ川　右／海抜2,500メートルにある「天空の城」

ビルカバンバ（Vilcabamba）を懸命に探し求めていた米国人科学者ビンガムが、偶然にも、山奥の密林に隠された重大な秘密を世に明らかにしたのは、1911年のことだ。過去400年以上にもわたる長い歳月、この都市の存在を知っていたのは、おそらく天高く飛翔するコンドルだけだったのではないか。「失われた都市」という名は、まさにマチュピチュにこそふさわしい。

　私とミス・ヴィッキーは、遺跡入口にある壁を回ってその先へ行ってみた。壁をぐるっと回り込んだその瞬間、山の間に失われた神秘の都がちらりと見え、さらにその全貌が私たちの目の前に現れた。ガイドの説明はまだ続いているが、もう、終わるまで待ちきれない。私は携帯電話を引っ張り出すとインターネットに接続し、400年以上も見失われていた都市の姿かたちを、家族や仲間に送信した。

左／失われた都市につながるインカ道　右上／失われた神秘の都がついに姿を現した　右下／ガイドに従って都市の中へ

力強くて美しくて、この上なく素晴らしい眺めを目の前にして、もう私たちはじっとガイドの説明に耳を傾けることなどできなくなった。かつての都市の細い小道を上って行き、高みから都市全体を眺めながら、どうにかして絵葉書にあるような全景写真を撮りたいものだと考えていた。

インカ道に往時を思う

　失われた都市の面積は約13平方キロメートル。高所から見下ろせば遺跡全体を一望でき、170もの建造物からなる建造物群をはっきりと見ることができる。建造物群はマチュピチュ（老いた峰）とワイナピチュ（Huayna Picchu）（若い峰）との間にあって、どれも巨大な石で築かれている。

　この後、私たちはガイドに従ってインカ道にあるインカ橋まで行った。絶

現在インカ橋は閉鎖されていて渡れない

左／険しい段々畑　右／復元されたチガヤ葺きの屋根。本来の姿を伝えている

　壁に造られた古道に丸木橋が架けられていて、見るだけでスリル満点だ。この橋を架ける時も、またここを渡る時も、驚異的な知恵と勇気が求められただろう。遺跡保護のため、現在この橋は閉鎖されていて渡ることはできない。
　インカが建設したインカ道は、南米各地を縦横に張り巡らされ、今日のペルー、アルゼンチン、ボリビア、コロンビア、チリ、エクアドルの六カ国に及んでいる。道は石で舗装され、また石段、木橋、吊り橋、浮橋、トンネルなどもある。それらの多くは、先ほどの丸木を渡したインカ橋のように、断崖絶壁に設けられている。
　「インカは、道路や橋を建設する時に、馬車などを利用することを知りませんでした。ですから何が何でも人の力だけに頼って、アンデスの山々にインカ道を築いたのです。その工事がどんなに困難だったか、どんなに危険に満ちたものだったか、容易に想像できるでしょう」とガイドは語った。
　インカ橋が渡れないので、もと来た道を引き返し、階段を上り下りし、都市の中に戻って来た。今度は宮殿、広場、神殿、段々畑、民家、皇帝一家の墓、倉庫、監獄など、都市の主な建造物を順路表示に従って一つ一つ見学した。小さな狭い道が入り組み、時には数百段もある険しい石段を上り下りしなければならなかった。
　この都市の建物の多くには、もともとチガヤの屋根が掛かっていた。歳月の試練を受けて、チガヤの屋根は朽ち果てて、原形をとどめなていなかったが、現在は何軒かが復元されて本来の姿を私たちに伝えている。

Perú ［ペルー］

太陽神信仰

　建造物群の中で最も壮観なのが「太陽の神殿（Temple of the Sun）」だろう。この巨石で築かれたほぼ環状の建造物は、外壁が曲線を描き、これが他の四角張った建造物とは大いに対照的だ。100年前、米国人ビンガムが遺跡にたどり着いた時、まず見つけたのが、植物に覆い尽くされていなかったこの太陽の神殿で、そこから失われた都市の秘密を明らかにしていったのだった。「三つの窓の神殿（Temple of Three Windows）」も非常に有名だ。どのように巨石を積み上げれば、全く同じ大きさの三つの窓が造れるのだろう。そこで用いられた技術にはただ感服させられる。

　また遺跡の高くなった所には、巨大なインティワタナ（Intihuatana）がある。大きな石の塊を磨き上げて石柱にしたものが、東西南北の四方向を示している。冬至、夏至の計算に関係するものだったのかもしれない。冬になり日照時間が短くなってくると、インカの人々は、太陽がこのままどこかへ行ってしまって帰って来ないのではないかと心配した。そこで毎年6月の冬至にはインティワタナの前で祭りを執り行い、太陽をつなぎ止めておこうと

左／曲線を描く太陽の神殿　右／三つの窓の神殿

した。これはもちろんインカの太陽神信仰に関係するものだ。
　「コンドルの神殿（Temple of Condor）」は、自然の岩の形を生かして、翼を広げて今にも飛び立たんとするコンドルの姿をかたどっている。そのコンドルの頭と体は、石に彫刻されて地面に据えられている。インカの人々は、死後の魂はコンドルによって天界に連れていかれると信じていたのだそうだ。
　何段にも及ぶ段々畑はかなりのスケールがあって、整然とし過ぎていないところにかえって趣があり、何かの文様を形作っているように見える。畑の地下には縦横に合計16本もの水路があって水を供給する一方、豪雨の時には地すべり防止のために、雨水を排出することもできた。
　この日の天気は曇りがちで、時々弱い風と霧雨にもぶつかったが、総じてまずまずの天気で幸運だった。はるばるここまで来て、これほど素晴らしいインカ文明をこの目で見ることができたのだから、今回の旅は決して無駄ではなかった！
　失われた都市の向かい側には、やや低い山ワイナピチュ（Huayna Picchu）が見える。ここは一日に400人の観光客しか受け入れず、しかも200人ずつ2回に分けて入山させる。登山道の石段は非常に険しく、足だけでなく、手

左／インティワタナ　右／コンドルの神殿。石に彫られた頭と体は地面に

Perú [ペルー] | 163

左／ワイナピチュ　右上／マチュピチュの採石場とされる場所　右下／大型機械もなくどうやって石を積み上げたのか

　も使って登らなければいけないそうだ。私はチャレンジしてみるのも御免こうむる。そういうわけで、いにしえの都市を出て、入口の所でパスポートにマチュピチュの記念スタンプを押し、それからこの辺りで唯一食事ができる場所、ティンクイ（Tinkuy）レストランに入った。この日消耗したエネルギーを補充しながら、心を落ち着けてガイドが語る説明の続きに耳を傾けた。

　レストランから、遠く正面にある深山幽谷の間に失われた都市を眺める。午後の日差しの中でマチュピチュは真っ白に輝き、尽きない魅力を発している。過去500年余りの間にはここも震災に見舞われたが、この雄大な都市は何事もなく、ずっとこの山にそびえ立っている。インカの民の神業には感嘆せずにはいられない。運搬の道具もなく、車というものも知らず、全て人の力だけで巨大な石材を一つ一つ切り出し、山の上まで運び、さらにぴったりと隙間なく石を積み上げるという優れた技術を用いて、この堅固な石造りの都市を築き上げたのだから。

なぜマチュピチュは築かれたのか。これは考古学者たちがずっと解き明かそうとしている問題だ。スペイン人の殺戮から逃れるために築いた桃源郷なのか。それとも祭祀のための神聖な場所なのか。あるいはインカ帝国全盛期の皇帝の離宮だったのか。

　ここが祭祀儀式の中心だったとする学説もある。インカの民は太陽を崇拝し、自らを「太陽の子孫」と称した。マチュピチュは山々に囲まれた山の頂に築かれていて、その下をインカの聖なる川ウルバンバ川が流れる。「インティワタナ」の発見は、インカがここを太陽に最も近く、太陽神を祭るのにこの上ない場所と考えていたことを示している。また石積みの壁に刻まれた符号や印には神に関係するものがあり、これも太陽神の神殿であったとする根拠とされる。

　マチュピチュ建設にはいったいどのような目的があったのか。確かなことはインカの人々でなければ分からない。惜しむらくは、たとえインカ文明に光り輝く部分があっても、この文明には文字が存在せず、ひもの結び目による記録しかない。これが考古学的研究に難しさと限界をもたらしている。非常に残念なことではないか。

　しかし私は、インカにとってこの都市は、きっと非常に崇高で、神聖な場所だったと信じている。それにしても、なぜマチュピチュは無人になり、うち捨てられて廃墟となった後、数百年もの長きにわたり山奥の密林に消えていたのだろうか――。いや、あれこれ考え込むのはやめよう。この謎は考古学者たちの今後の発掘の成果に委ねるとしよう！

　私はとうとうペルー旅行の最大の目的を果たした。

石造りの古い建築物が青々としたアンデスの峰の間にはめ込まれている。雨風の激流が幾百年も前の城砦を浸蝕し押し流していく……

　チリの詩人パブロ・ネルーダがこのように表現したマチュピチュを、自分の目で見たのだ。

山中の美しい沿線風景

　「山に登らねばその高さは知れず、川を渡らねばその深さは悟れない。絶景を見ずにその妙が分かろうか」と人は言う。私はインカ帝国のマチュピチュに登って、この言葉の意味するところを悟った思いがする。
　離れがたい思いを抱きつつ、いよいよ神秘の都市とお別れだ。帰りの道順は、ちょうど来た時と逆になる。まずバスでアグアスカリエンテス村に戻ると、うまい具合にすぐオリャンタイタンボ行きの列車に乗れた。そこから車に乗り換え、うねうねとした山道を古都クスコに向けてひた走る。
　山中の道路では、天候の変化が激しく、少し前までは空は真っ青で太陽の光が降り注ぎ、車窓の風景もはっきりと美しく見えていたのに、突然、強風が吹き荒れて盆をひっくり返したような雨が降り出し、何も見えなくなった。やがて雨が止み、空が晴れると、雲の端に彩雲が現れ、しばらく消えなかった。絶景だ。
　夕映えの中を車で走ること数時間、とうとうクスコに帰って来た。まる一日大忙しだったが、まだ今日のスケジュールは終わっていない。フォルクロー

雲に映える虹

　レのディナーショーにちょうど間に合い、アンデスの民族音楽や舞踊を楽しんだ。それからようやく、大満足でホテルへと引き上げたのだった。
　さて、今日のマチュピチュへの旅を終えて、つらつら考えた。新・世界七不思議のうち既に行ったのは、中国の万里の長城、ブラジル・リオ・デ・ジャネイロのコルコバードのイエス・キリスト像、ペルーのインカ帝国遺跡マチュピチュ、メキシコのマヤ遺跡チチェン・イッツア、イタリア・ローマの古代闘技場のコロッセオ（ローマの闘技場）、インドのタージ・マハル。おや、もう六つまで征服済みだ。すると、残りの一つ、ヨルダンの古都ペトラが目の前に浮かんだ。「次はぜひこちらへ」と私を手招きしているようだ。

フォルクローレ・ディナーショー

Perú ［ペルー］ | 167

比類なき建築技術

　前夜、クスコ（Cuzco）は大雨になった。翌日の古都めぐりが台無しになるのではないかと、私はとても心配だった。幸い夜が明ける頃に雨は止んだ。ガイドとの約束までまだ時間があったので、散歩でもしようと独りホテルを出た。そして偶然アルマス広場でエンマ（Emma）さんというドイツ人考古学者に出会い、散歩に付き合ってもらうことになった。彼女のインカ帝国に対する深い造詣は、インカの古都に関する私の知識を豊富にしてくれて、本当に有意義なひとときとなった。

金の杖が定めた都——世界の中心

　彼女はまず、クスコの名前について教えてくれた。クスコとはケチュア語（訳注：かつてインカ帝国の公用語であった言葉。現在もペルーやボリビアなどのインディヘナの多くがこの言葉を用いていて、またペルーの公用語の一つとなっている。）で「Qosqo」、「世界のへそ（Navel of the world）」という意味だ。なぜならば、インカから見れば、こここそが世界の中心だったからだ。

　クスコそのものに、インカの歴史、伝説、神話が満ち溢れている。この土地には、ティティカカ湖で聞いたものと関係する、こんな神話がある。太陽神はインカ帝国の建国者となるマンコ・カパック（Manco Capac）を遣わして、知識を広めさせ、国を建設させた。その時、神は彼に一本の金の杖を与えて「どこか場所を選びなさい。もし金の杖がその地面に沈み込めば、そこがお前たちの理想の居住地になるだろう」と教えた。マンコ・カパックは

アルマス広場周辺の民家と路地

長く辛い旅の末にクスコにたどり着いた。金の杖を突き刺してみると、杖は土の中に沈み込んでいった。それでクスコをインカの都と定めた──。これが金の杖によって都を定めたというインカの伝説だ。

第9代インカ皇帝パチャクティ（Pachacuti）は、非常に力強く有能な君主だったが、また建築家でもあった。それまで無秩序に建設されてきた古い町を壊して、改めて帝国の都にふさわしい風格ある大規模な都市を造営した。壮大な宮殿、神殿、アクリャワシ（処女の館）などを設け、さらに街全体に碁盤の目のように走る道路を建設した。さらに都城防衛のため、四方の高い丘の上に四つの要塞を設けた。そのうち一つが、今日、後で訪れることになっているサクサイワマン（Saqsaywaman）の要塞だ。

地震に耐えて今なお残るインカの石組み

エンマさんによれば、インカではどう猛で敏捷、勇ましく力強いピューマが尊ばれたそうだ。空からクスコを俯瞰すると、この町全体が一頭のピューマの形をしていることに気付くだろう。頭がサクサイワマン要塞、体はインカ皇帝の宮殿、尾は市民の住宅街に当たる。

古都にはもう一つの特徴がある、ほとんど全ての建築物が巨大な石で築かれていて、非常に堅固であることだ。クスコは幾度も大震災に見舞われたが、

カテドラルが広場の中心だ

　これらの建築物はびくともしなかった。これに対して、スペインの征服者たちが建てたものにはどれも被害が出ている。スペイン人の建築技術について彼女は「多くの建物は、たとえばそちらの教会などは、スペイン人がインカ皇帝宮殿の壁の土台部分を利用してその上に建設したものです。これらは天災に耐えきれず、地震で沢山の建物が崩壊してしまいました。インカの土台だけが残るなんて、誰も思いも寄らなかったでしょうね」と、皮肉っぽい口調で語った。この事実からも、インカの建築技術は、確かに傑出したものだったことが分かる。
　エンマさんに付いてアルマス広場周辺を一回りした。広場にはカテドラルと、これを挟んで右に1536年に

建築物の下方にあるのがインカの石壁

左／広場の両側には民家、レストラン、商店が軒を連ねる　右／アーケード付きの建築物はスペインコロニアル様式

建てられたペルー最古の教会、エル・トリウンフォ教会（Iglesia del Triunfo）、左には1733年に建てられたヘスス・マリア（Jesus Maria）教会が並んでいる。

　クスコ占領後、スペイン人はインカ統治を強化するため、インカの神殿や宮殿を破壊して、その土台の上に欧州ルネサンス様式の教会を建設した。現在、このカテドラルにはクスコの芸術家の手による作品が数多く残されている。全て純銀で作られた祭壇はとても豪華なもので、また鐘楼には重さ6トンもの鐘がある。私たちはその日最初の鐘が鳴り響くのを聞いてから、また広場を歩き始めた。

　広場の両側は民家、レストラン、商店が軒を連ねている。低い建物の2階には、非常に繊細な彫刻が施された木製のバルコニーがある。通りのアーケード付きの建物にはスペイン風のコロニアル様式が見られる。広場はどこもかしこも古めかしく優雅な雰囲気だ。

Perú ［ペルー］ | 171

広場の北東角（エルトリウンフォ協会のある角）から北東方向にのびる通りを進むと、大きなインカの石組み壁があるアトゥンルミヨク通り（Calle Hatunrumiyoc）がある。エンマさんは、観光客ならばここはぜひ行くべき場所だという。「壁にはとても大きな『インカの十二角の石』（Twelve-Angled Stone）があります。いったいどこにあるのか、観光客は、それを探すのを楽しんでいますね。」その石はインカの建築技術を示す代表作の一つだ。巨石の前にたたずんで、私は彼女の丁寧な説明に耳を傾けた。

隙間のない石積み工法

　「石積み工法」はインカの独特な建築技術だ。二つの巨石を、接着させるための材料を用いずに、ぴたりと、しかもとても堅牢に接合させるという、驚嘆すべきものだ。まず石材二つを積み重ねる。しかしまだ両者は完全に接合しておらず、木の棒を一本敷いておく。職人は石の表面の上下、前後、左右をたたいて移動させる、木の棒が抵抗を受けて動かなければ、二つの石材の間にうまくかみ合わない部分があるということだ。そこで工具を使って凹凸

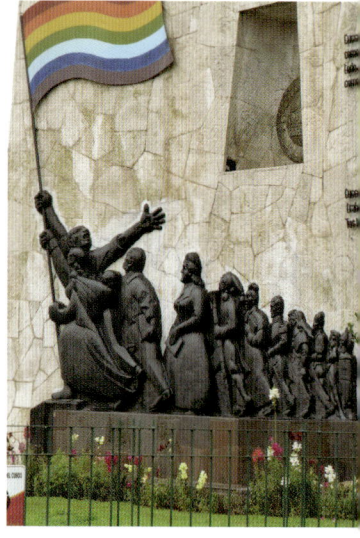

左／十二角の石の前に立つ私。後ろの壁はインカの独特「石積み工法」によるもの　右／七色の虹の旗はクスコ市旗

部分を削り取る。このようにして石が互いにぴたりとかみ合うまで、何度も調整を繰り返す。そして職人が棒を引き抜くと、石のかたまりは完全に接合する。隙間は全くなく、その精密さは舌を巻くほどだ。

かつて考古学者が石の接合部分を測定したところ、最も薄いカミソリの刃さえ差し込むことができなかったそうだ。巨大な石のかたまりを互いに組み合わせ、全く接着剤を使うことなく、高い壁や大型建造物に築き上げていく。とてもシンプルな造りなのに、山のように頑丈だ。にわかに信じられないほどの卓越した建築技術だ。

広場周辺の石畳の坂道。両側は石組みの壁、中央にはインカの排水路がある

広場周辺の坂道は石畳の通りになっていて、その両側は滑らかな石組みの壁が続く。どの通りにも、中央部にインカの素晴らしい排水路が見られる。何百年という光陰が過ぎ去っても、かつての排水システムはなお機能し続けている。昨夜の大雨にもかかわらず、どこにも水が溢れたり溜まったりした様子は見られない。

エンマさんはこんなことも言っていた。「古都クスコは、今日までインカの雰囲気をよく残していて、これがスペイン風の建築物とうまく融合しています。ここはインカとスペインのスタイルが見事に一体化された都市なのです。でもここ何年か、クスコの人々は、かつてのインカ帝国の栄光を記憶し、またそれに思いを馳せられるようにと、一部の通りにケチュア語の名前を復活させるようになってきました」

旅の途中での偶然の出会いが、古都に対する私の知識と思いを、いっそう深いものにしてくれた。インカ文明に対する造詣が深く、また博識なエンマさんに、心からお礼を言いたい。

Perú［ペルー］| 173

古戦場に思いを馳せて

　1536年、インカ皇帝マンコ・インカ・ユパンキ（Manco Inca Yupanqui、マンコ・カパック二世ともいう）に率いられたインカの民は、サクサイワマンでスペイン軍を迎え撃った。激しい戦いは十カ月の長きにわたった。鉄砲などのスペイン軍の優れた装備にはとうていかなわず、山上の要塞に陣取ったインカ軍は包囲されてしまった。そして食料は底をつき、数多くの死傷者が出て、とうとう撤退を余儀なくされた。サクサイワマンはスペイン人の手中に落ちた。

巨大帝国の崩壊

　私はミス・ヴィッキーと一緒にぬかるんだ坂を登って行った。インカの古戦場の跡に立ち、インカ帝国の英雄的なその要塞を仰ぎ見るために。
　ピューマの頭に当たるサクサイワマンは、クスコの北郊外、海抜3,700メートル余りの丘の上に立つ。そこはクスコよりも300メートルほど高く、険しい地形だ。丘の斜面に築かれていて、背後は険しい斜面、前方は開けた平原、都市全体を見渡すことができる。攻めるに難く守るに易い要塞だ。
　その昔、インカは2万人余りを動員し、50年以上もの時を費やして、ここに巨石を積み上げ、三段からなる要塞を築き上げた。各段はそれぞれ壁で囲まれていて、巨石を組み合わせて造られた22面の壁の長さは千メートル以上、斜面に沿ってうねうねと続く壮大なものだ。30万個以上の巨石で築かれていて、最も重いものは200トンを超えるという。要塞には指揮に用いられた主塔のほか、見張り台があり、それらはジグザグの地下道でつながっている。

上／サクサイワマンの展望台に上る　下／古都クスコを俯瞰

スペイン人はここを占領すると、壁の部分の巨石を運び出して、アルマス広場のカテドラルの建築材料とした。そのため今この遺跡に残っているのは、もとの要塞の五分の一に過ぎない。なんとも惜しいことだ！　当時のサクサイワマンがどれほど壮観だったかを想像し、また今日のありさまと比べてみると、まさに「戦争古蹟有り、壁塁層穹に頽る」（訳注：李白の詩「登廣武古戰場懷古」の一節）ではないか。

　なぜインカは、要害の地にある堅固な要塞を持ちながら国を守り切れず、帝国の滅亡にまで至ってしまったのだろうか。聞くところによれば、当時スペイン人ピサロはわずか168人を率いてインカ軍と戦ってこれを打ち破り、人口600万人を擁する帝国を占領したという。全く不可思議な結末を迎えたのだった。

　当時インカ帝国の内部は「兄弟牆に鬩ぐ」（訳注：家の中で兄弟が喧嘩をしている。「詩経」小雅・常棣から）状態で、国家分裂のおそれがあった。ピサロはこの機に乗じ、計略をめぐらして皇帝の暗殺を試みたという。また違った説を唱える歴史学者もいる。インカ帝国は輝かしい文明を持ち、領土は広大だったと考えられている。しかし帝国はこれを統治管理するだけの手段を持たなかった。その社会段階はまだ原始的な奴隷制社会だったからだ、というものだ。しかしながら、一つの巨大な帝国がわずか300年しか続かず、急速に衰え、長い歴史の波間に呑み込まれてしまったことについては、やはり嘆息を漏らさざるを得ない。

巨石で築かれた三段の要塞

上／戦争古蹟有り、壁塁層層に頽る　下／使われた巨石は30万個以上、最も重いものは200トン余り

Perú [ペルー] | 177

インカは太陽神を崇め、毎年盛大な祭祀儀式を行ったが、この伝統は今日に至るまで続いている。毎年6月24日（農民の日）には、クスコ市民がアルマス広場に集まり、太陽の祭りインティ・ライミ（Inti Raimi）を執り行う。太鼓を打ち鳴らし、歌い踊り、広場からサクサイワマンの遺跡までパレードする。遺跡では聖なる火を燃やし、祭りの主宰者は市民と共に、天候に恵まれ、五穀豊穣であるようにと、太陽神に心を込めて祈りを捧げる。

　古戦場の裏手がケンコー遺跡（Quenqo）で、外側には屋根のない壁がん、祭壇、競技場などがある。石の階段を降りて行くと、そこには天然の洞窟や、石室、タカの形に彫られた石、皇帝の浴室などがある。ピューマの形をした巨大な石は、インカの民が礼拝した祭壇だ。雨が降って足元は滑りやすかったが、私はどうしても洞窟や石室を一回りしなければ気が済まなかった。

　いにしえの人々にとっての神聖な祭壇。その向かい側にある丘の斜面には、純白のキリスト像が、まるで麓のクスコを抱くかのように、両腕を広げて立っている。西洋のキリスト教はもう既にかつての太陽神の立場に取って代わっているのだ、とでも言いたげな光景だ。

ケンコー遺跡

上／遺跡の石段を降りると、別世界が　左中／祭壇　左下／ピューマのような巨石はインカの祭壇だった　右下／天然の洞窟

Perú［ペルー］| 179

左上／生活雑貨なら何でもある　左下／アルパカを引く民族衣装姿の女性
右上／クスコ市内の市場。店先の商品はこぎれいだ　右中／ジャガイモと牛肉の土鍋煮込み　右下／純白のキリスト像

左／どれも素晴らしい織物　右／パチャパパ（PACHAPAPA）はクスコの有名なレストラン

　ところでサクサイワマンという言葉は、英語の「sexy woman（セクシーウーマン）」の音によく似ていないだろうか。しかし木と岩ばかりの遺跡の周りをいくら見回しても、セクシーなご婦人などは見当たらず、ただ伝統的な民族衣装を身にまとい、アルパカを引いた女性がこちらへ歩いて来るのが見えるだけだ。ところが「sexy woman」ならぬ民族衣装の女性は、私たちに熱烈なモーションをかけてきた。「お客さん、記念に写真を一枚いかが」

　雨がようやく止んだ。私たちは石畳の道をたどってクスコ市内の市場へと戻った。大きな市場だがそれぞれの店先は整然としてこぎれいで、なかなか良い感じを受けた。様々な食べ物や、道具、この土地ならではの陶器、織物など、何でもある。織物や陶器の多くは、一見すると、中国の少数民族の手工芸品によく似ているように感じられた。

　パチャパパ（PACHAPAPA）はこの町で有名なレストランだ。この日の昼、私たちは正真正銘のクスコっ子のトウモロコシスープと、ジャガイモと牛肉の土鍋煮込みを味わうことができた。おまけに、ペルー特産紫トウモロコシのジュースも。

「コンドルは飛んでいく」が響き渡る

　帰り道、またアルマス広場を通った。中央にはインカの像がある。これは1780年に勇ましい働きをしたインカの民族的英雄トゥパク・アマル二世（Tupac Amaru II）を記念するものだという。スペイン統治の時代、植民統治打倒を決意した彼は、インカの民を率いて統治者に対して立ち上がった。しかし残念ながら、謀反人の裏切りによってこの蜂起は失敗に帰する。捕らえられた彼は、スペイン人の訊問にも少しもひるむことなく堂々と正義を貫き、「お前たちは人々を抑圧した。だから私は人々を解放するのだ」という言葉を残した。彼は残虐な統治者によって広場の中央まで引き立てられ、人々が見守る中、舌を抜かれ、4頭の馬によって八つ裂きの刑に処せられた。

　ペルー民謡『コンドルは飛んでいく』（El condor pasa）は、この民族的英雄を記念して作られた曲だ。

　人々の涙を誘い、歌い継がれてきた彼の事績に、外国人であるこの私も深く感銘を受け、頭を垂れずにはいられなかった。

　この古い英雄的な都に別れを告げる時、私の頭の中では『コンドルは飛んでいく』がいつまでもいつまでも鳴り響いていた。この歌を、かつて受けた傷のあとに、ここがかつて抱いていた栄光に、捧げようとするかのように。

アルマス広場中央にあるインカの民族的英雄トゥパク・アマル二世の像

あとがき

　2013年から2014年までの2年、あちらこちらを旅して回り、世界第二の大洲である南米も何度か訪れた。そこにある12の主権国家のうち、旅行先としておなじみのブラジルやアルゼンチンなど、6カ国を一気に周遊した。

　ブラジルのリオデジャネイロを訪れて、リオのカーニバルを生で楽しみ、サッカースタジアムでは、ドイツが2014ワールドカップの覇者となるのをこの目で見届けた。世界の果て──アルゼンチンのウシュアイア──に行ってクルーズ船でドレーク海峡を渡り、首都ブエノスアイレスでは魅惑的なタンゴを鑑賞した。

　旅する中で特に素晴らしいと感じたのは、アンデス山脈のもとで異彩を放つペルーの文化、そして世界から切り離された南太平洋の孤島だ。有名なインカの悠久の歴史、独特なポリネシア島民の文化は、これまで話には聞いていたが、この目で見たことはなかった。今回20数日間をかけて遠路はるばる旅したのは、これら遺跡旧跡を訪ねるためだった。

　旅では、インカが生み出した驚くべき様々な奇跡を目にし、また彼らの日常生活における不思議なことも耳にした。本文では書ききれなかった面白い話もある。例えば、インカ特製の「シャンプー」。なんとこれが家族の小便を集めたもので、桶に一週間ためておいて沈殿させてから使う。なんでも脂を落とす効果があるということで、髪を「うっとりする輝き」にするための秘伝の処方だそうだ。

　それから、祭日や祝い事に用いられる糊状の美酒「チチャ」。これは、女性たちがトウモロコシを口に含んでかみ砕き、糊状になったらぬるま湯の中に吐き戻し、さらに発酵させて作るのだとか。

　もう一つ。子供が風邪を引いて熱を出した時の妙薬。これは家族全員の小便を煮立たせたもので、それで子供の体を洗い、また薬として飲ませる。

　これほど沢山の奇談が、もしも現地ガイドの口から語られたものでなけれ

ば、とうてい信じられなかっただろう！

　チリのイースター島ときたら、台湾の金門島よりもやや大きい孤島だが、至るところにモアイ像が残されている。しかし文献上の記録はなく、後世の人間はその古跡だけを頼りに推測し探求するしかない。

　もともとペルーとチリには同じ文明や文化があるわけではない。ではなぜこの二つの国での見聞を一冊の本にまとめたのか。それには訳がある。ペルーのクスコで偶然出会ったインカ文明学者のエンマさんが、こんな話をしてくれたからだ。「インカ帝国滅亡後、一部のインカは戦火を逃れるため、はるばる海を渡ったのです。そして、イースター島の『鳥人』こそ、インカの末裔だと言い伝えられているのです」

　ここで、多忙にもかかわらず序文を寄せてくださった諸先輩および友人各位に、厚くお礼を申し上げたい。
・香港培僑教育機構董事会主席・呉康民氏
・香港漢中学校長・関穎斌氏
・鳳凰書品文化出版有限公司執行董事兼総経理・王多多氏
・ブロンズ紫荊星章受章、太平紳士、法律博士、方和氏
・英フィナンシャルタイムズ副編集主幹兼FT中国語ネット編集長・張力奮氏
・プライスウォーターハウスクーパース北京首席パートナー・呉衛軍氏

　今回の旅を無事終えられたのは、台北亨強旅行社の陳さんのおかげだ。また、日本での出版に際し、前著「南極―遠くて幸せな氷の世界」に引き続きお世話になったジェーシー・コミュニケーション並びにピープレス出版部の方々、外為ファイネストのスタッフたちに謝意を表したい。そして、本書を最後までお読みくださった読者の皆様に心より感謝申し上げる。

　南米は、ペルー、チリのほか、ブラジル、アルゼンチン、ベネズエラとコロンビアを訪れており、今のところ未踏の国はあと六カ国。これらは2015年の旅行計画にちゃんと組み込んである。これらを「征服」した暁には、また本にまとめて報告したいと思っている。

2015年6月吉日

鄧予立
Y.L.Tang

旅行マスター Mr.タンの
世界遺産紀行
チリ・ペルー編
〜モアイ像・アマゾン熱帯雨林・ナスカ地上絵・マチュピチュ〜

2015年6月22日　第1刷発行

著　者　鄧予立（Tang Yu Lap）

発行者　太田宏司郎
発行所　株式会社パレード
　　　　大阪本社　〒530-0043　大阪府大阪市北区天満2-7-12
　　　　　　　　　TEL 06-6351-0740　FAX 06-6356-8129
　　　　東京支店　〒150-0021　東京都渋谷区恵比寿西1-19-6-6F
　　　　　　　　　TEL 03-5456-9677　FAX 03-5456-9678
　　　　　　　　　http://books.parade.co.jp
発売所　株式会社星雲社
　　　　　　　　　〒112-0012　東京都文京区大塚3-21-10
　　　　　　　　　TEL 03-3947-1021　FAX 03-3947-1617
装　幀　藤山めぐみ（PARADE Inc.）
印刷所　創栄図書印刷株式会社

本書の複写・複製を禁じます。落丁・乱丁本はお取り替えいたします。
©Y.L. Tang 2015　Printed in Japan
ISBN 978-4-434-20741-9 C0072